# LE RÉGIME DES PRISONNIERS DE GUERRE EN FRANCE ET EN ALLEMAGNE AU REGARD DES CONVENTIONS INTERNATIONALES

1914-1916

---

PRÉFACE

DE M. LOUIS RENAULT

MEMBRE DE L'INSTITUT
PROFESSEUR DE DROIT INTERNATIONAL À LA FACULTÉ DE DROIT
DE L'UNIVERSITÉ DE PARIS
MEMBRE DE LA COUR PERMANENTE D'ARBITRAGE DE LA HAYE
ANCIEN PRÉSIDENT DE L'INSTITUT DE DROIT INTERNATIONAL

PARIS
IMPRIMERIE NATIONALE

---

1916

# LE RÉGIME
DES
# PRISONNIERS DE GUERRE
## EN FRANCE ET EN ALLEMAGNE
AU REGARD
## DES CONVENTIONS INTERNATIONALES

# LE RÉGIME
DES
# PRISONNIERS DE GUERRE
## EN FRANCE ET EN ALLEMAGNE
AU REGARD
## DES CONVENTIONS INTERNATIONALES
1914-1916

---

PRÉFACE
DE M. LOUIS RENAULT

MEMBRE DE L'INSTITUT
PROFESSEUR DE DROIT INTERNATIONAL À LA FACULTÉ DE DROIT
DE L'UNIVERSITÉ DE PARIS
MEMBRE DE LA COUR PERMANENTE D'ARBITRAGE DE LA HAYE
ANCIEN PRÉSIDENT DE L'INSTITUT DE DROIT INTERNATIONAL

PARIS
IMPRIMERIE NATIONALE

1916

# PRÉFACE.

La présente publication sur *le régime des prisonniers de guerre* n'a pas besoin d'une recommandation spéciale. Elle s'impose à l'attention par la nature du sujet et par la façon dont il a été traité. Si on m'a fait l'honneur de s'adresser à moi pour la présenter au public, c'est que, depuis longtemps, je me suis occupé des prescriptions relatives au traitement des prisonniers de guerre et que j'ai participé à l'élaboration des règles actuellement en vigueur. Ces règles ont leur origine dans un projet dû à l'initiative d'un Belge de grand cœur, M. Ed. Romberg, qui le présenta au « Congrès des Œuvres d'assistance en temps de guerre », tenu à Paris en 1889 pendant l'Exposition universelle. Le Gouvernement français s'en inspira dans son Règlement général de 1893, encore en vigueur et cité souvent avec éloge dans des Conférences internationales. La question des prisonniers fut traitée en 1899 à la première « Conférence de la paix » et ce fut par elle que commencèrent les discussions sur le Règlement des lois et coutumes de la guerre sur terre. Il y eut là une grande habileté du président de la Commission compétente, le regretté jurisconsulte russe, F. de Martens, parce que c'était un sujet pour lequel l'entente semblait relativement facile et que l'accord une fois établi sur un point était un encouragement pour la continuation du travail; c'est bien ce qui se passa, et le projet qui avait échoué à Bruxelles en 1874 réussit à La Haye en 1899.

Un Règlement sur les prisonniers de guerre ne paraît pas, en effet, devoir soulever de grandes difficultés. Il ne rencontre pas les oppositions d'intérêts qui surgissent quand il s'agit des rapports entre les belligérants ou entre les belligérants et les habitants d'un pays envahi ou occupé. La condition des deux belligérants qui ont des militaires ennemis en leur pouvoir est identique en ce sens qu'il s'agit surtout de les empêcher de prendre de nouveau part à la lutte sans leur infliger de vexations inutiles. Les prescriptions à établir dans ce but sont assez simples et n'ont donné lieu à aucune âpre discussion comme cela a été parfois le cas pour d'autres dispositions. De même, il était permis de penser que les règles adoptées seraient d'une application relativement aisée. La lutte, avec ses entraînements, ses violences, a cessé. Le belligérant qui a des prisonniers peut les mettre hors d'état de nuire tout en respectant leur malheur. Les rapports semblent faciles à établir de manière à obtenir la soumission nécessaire des prisonniers sans leur infliger des violences matérielles ou morales.

Toutes les prévisions raisonnables ont été démenties par les faits à un point extraordinaire, comme on ne le verrra que trop par la présente publication que liront avec tristesse tous ceux qui croient en la justice, en la parole donnée, et qui sont obligés de constater la violation des engagements internationaux les plus formels en même temps que le mépris des exigences les plus élémentaires de l'humanité. A quoi bon poser des règles prévoyantes, humaines, habilement calculées pour la sauvegarde des divers intérêts en jeu, si ces règles doivent être systématiquement méconnues par les autorités qui ont mission de les appliquer? D'ailleurs, quand une guerre débute par des actes tels que l'invasion du Luxembourg et l'invasion de la Belgique, accomplis en violation des principes généraux du droit des gens comme d'engagements conventionnels exprès, ne doit-on pas s'attendre à tout de la part du belligérant qui a ainsi affiché son mépris de la justice et du droit? Même quand son intérêt militaire ne sera pas directement en jeu, qu'il ne pourra pas invoquer sa prétendue théorie de la nécessité, il donnera libre carrière à ses passions brutales, à son goût pour l'arbitraire et les vexations.

Je ne puis que renvoyer à l'exposé méthodique qui suit et qui présente avec beaucoup de simplicité et de clarté la situation faite aux prisonniers allemands en France et aux prisonniers français en Allemagne, après avoir rappelé, pour chaque point spécial, les dispositions conventionnelles.

Le Règlement international de La Haye n'a pu entrer dans tous les détails; il a besoin d'être complété sur bien des points par des dispositions minutieuses s'inspirant des règles conventionnelles. Il est curieux de remarquer qu'il n'y a pas en Allemagne de Règlement général sur le traitement des prisonniers de guerre et que, par suite, l'arbitraire des chefs de camps de prisonniers a plus libre jeu pour les règlements particuliers qu'il leur convient de faire. Cela est intéressant à relever dans un pays qui se vante de son talent d'organisation. Au contraire, en France, il y a, ainsi qu'il a été dit plus haut, un Règlement général arrêté en 1893 sous une inspiration libérale.

La constatation de la pratique allemande et de la pratique française fait ressortir un contraste frappant établi par des documents irrécusables. Les Allemands commencent par un régime vexatoire, contraire à la fois à l'humanité et aux prescriptions conventionnelles. Si des adoucissements sont obtenus, ce n'est qu'à la suite de réclamations du Gouvernement français, d'intervention des neutres, c'est surtout, il faut bien le dire, par le jeu des mesures de réciprocité, au sujet desquelles je crois nécessaire de m'expliquer. Au point de vue de la justice absolue, il est aisé de proclamer que la violation du droit des gens par un belligérant n'autorise pas l'autre à le violer de son côté, qu'autrement les plus graves abus sont possibles dont le moindre n'est pas que des innocents sont victimes des mesures violentes ainsi prises. C'est bien évident, mais il est non moins évident qu'à l'égard de certains belligérants, il n'y a pas d'autre moyen d'obtenir le redressement de pratiques fâcheuses. Voici ce qu'on lit dans le Manuel du Grand État-Major allemand (*Kriegsbrauch im Landkriege*) :

« Qu'on n'entende point par les mots *droit de la guerre* une loi « écrite et mise en vigueur par des traités internationaux, mais « seulement des conventions qui ne reposent que sur la récipro- « cité et dont l'observation n'est garantie par aucune sanction, *sauf* « *la peur des représailles* ». On ne saurait être plus réaliste : aucune idée d'obligation juridique et morale née de la parole donnée; la peur seule des représailles inspire la conduite des belligérants.

On ne s'étonnera donc pas de l'influence de la *réciprocité* en cette matière. Le régime français a d'abord été purement et simplement conforme aux prescriptions réglementaires; puis, il a dû être modifié, un adoucissement au régime infligé à nos nationaux n'ayant été obtenu que par le retrait de certaines facilités accordées d'abord aux prisonniers allemands en France. Voir l'observation générale, pages 7 et 8. Qu'on se reporte notamment aux pages 19, 26, 34, 40, 42, 44, 46, 48, 49, 55, 78, pour les applications.

Si l'on veut se rendre compte des excès auxquels ont trop souvent été en butte nos compatriotes, on n'a qu'à se reporter spécialement aux pages 69, 70, 71, où sont constatés les faits les plus atroces au point de vue matériel et moral, la volonté d'humilier et de déprimer les malheureux prisonniers. Voir encore page 82 pour le travail dans les mines imposé à des prisonniers qui n'y étaient en rien préparés, et ce qui a été constaté non sans peine par les délégués du Comité international de Genève (1). Au point de vue moral, ce qui est à la fois révoltant et contraire au Règlement international, c'est l'affectation des prisonniers à des travaux d'un caractère militaire; plus de 1,500 Français ont été employés de force aux usines Krupp à Essen. Au mois d'avril 1916, sur l'invitation expresse du Gouvernement français, les délégués du Comité international de la Croix-Rouge demandèrent à pénétrer

(1) Voir pages 60-63 pour les responsabilités encourues par l'Allemagne à raison des mesures relatives au typhus exanthématique.

dans les usines où les prisonniers de guerre français sont employés. L'autorité allemande s'opposa à ces visites dans toutes celles *où un intérêt militaire est en jeu.* On ne peut avouer plus nettement l'emploi abusif des prisonniers.

Je ne veux pas relever davantage les abus de tout genre commis par les autorités allemandes, militaires ou civiles, contre les Français prisonniers; je prie seulement qu'on veuille lire ce volume et je ne doute pas du jugement qui sera porté par chaque lecteur. Les faits sont par eux-mêmes éloquents.

Le 12 juillet dernier, le Comité international de la Croix-Rouge a adressé aux belligérants et aux pays neutres une circulaire destinée à appeler l'attention sur le régime des prisonniers de guerre. « Nous reconnaissons, dit-il, qu'en général les pays belligérants ont fait ce qu'ils ont pu pour que la vie des prisonniers fût supportable, et pour ne pas rendre leur condition encore plus malheureuse en y ajoutant la souffrance physique. Les voyages d'inspection de nos délégués nous ont révélé les grandes améliorations apportées, soit dans l'aménagement des camps, soit dans le traitement des prisonniers. Mais nous avons vu dernièrement proclamer un principe, dont l'application tend chaque jour à s'aggraver, et contre lequel nous ne saurions protester trop énergiquement, c'est celui *des représailles exercées sur les prisonniers.* »

La circulaire relève les abus qu'entraîne forcément la pratique des représailles et ajoute :

« Aussi, fidèles au devoir que nous dicte notre qualité de Comité international de la Croix-Rouge, nous adjurons les belligérants de renoncer aux représailles sur les prisonniers, et de rompre avec le principe qui les inspire. Ne cherchez plus, leur dirons-nous, à exercer une pression sur vos ennemis par les rigueurs que vous infligez à ceux des leurs qui sont entre vos mains. N'est-ce pas un retour aux procédés des temps barbares, indignes des nations qui ont donné à la Croix-Rouge la place qu'elle occupe dans leur armées ? »

Nous ne pouvons que rendre justice au sentiment qui a inspiré cette circulaire, aux généreuses intentions de ses auteurs dont le dévouement s'est manifesté d'une façon si éclatante pendant tout le cours de la présente guerre. Mais nous devons affirmer aussi que la France ne l'a pas attendue pour se conduire humainement envers les prisonniers. Elle n'a pas pratiqué les représailles au sens odieux du mot, comme l'ont fait les Allemands quand, sous tel ou tel prétexte, ils ont établi des *camps de représailles,* quand ils ont envoyé en mai et juin 1916, à *titre de représailles,* des milliers de Français dans de lointaines régions occupées de la Russie où ils sont soumis aux travaux les plus durs, à un traitement barbare(1). Comme il a été expliqué plus haut, la France a été contrainte d'user de *réciprocité,* parce qu'elle n'avait pas d'autre moyen d'améliorer le régime de ses prisonniers en Allemagne, par exemple en ce qui concerne la liberté sur parole et la solde des officiers, la nourriture, la correspondance. Mais cette réciprocité a exclu toutes mesures cruelles, ce qui n'a pas été le cas pour l'Allemagne qui, selon l'expression très juste de la brochure, *s'est servie de ses prisonniers,* en les envisageant comme un moyen de domination et de conquête; elle a cherché à produire chez eux une dépression morale. Voir par exemple pages 85 et 86.

Nous comprenons que le Comité international de la Croix-Rouge ne pouvait s'exprimer qu'en termes généraux, mais nous comptons que les hommes impartiaux ne s'y tromperont pas et feront de sa recommandation l'application qui convient. La présente publication y aidera certainement.

Si un jurisconsulte ou plutôt si tout homme de bonne foi ne peut qu'être affligé par une pareille lecture où sont relevés tant

(1) Voir page 84.

de faits honteux pour l'humanité, il aura aussi occasion de constater l'intervention bienfaisante des Sociétés de la Croix-Rouge et des neutres sous diverses formes. Les ambassades d'Espagne à Paris et des États-Unis à Berlin ont exercé, avec un zèle inlassable, sur les camps de prisonniers la surveillance attentive qui leur a donné le moyen de faire d'utiles constatations et d'amener des améliorations. Les délégués du Comité international de la Croix-Rouge de Genève ont fait aussi, avec le même dévouement, des inspections sur les diverses parties du territoire des belligérants. N'oublions pas la Suisse tout entière qui a été l'intermédiaire le plus bienfaisant et qui, actuellement encore, donne l'hospitalité à de nombreux prisonniers des divers belligérants. Grâce à tous ces concours désintéressés, le tableau n'est pas uniformément noir et on ne désespère pas de l'humanité.

Je ne puis que renvoyer à la ferme conclusion du travail, en affirmant que la France peut sans crainte voir mettre en parallèle sa conduite et celle de ses ennemis en ce qui concerne le régime des prisonniers de guerre.

Louis RENAULT,
Membre de l'Institut,
Professeur de droit international à la Faculté de droit
de l'Université de Paris,
Membre de la Cour permanente d'arbitrage de La Haye,
Ancien Président de l'Institut de droit international.

# LE RÉGIME DES PRISONNIERS DE GUERRE EN FRANCE ET EN ALLEMAGNE AU REGARD DES CONVENTIONS INTERNATIONALES.

## SOURCES.

Les documents essentiels concernant le régime des prisonniers en France et en Allemagne pendant la guerre actuelle sont les suivants :

A. **En ce qui concerne le régime des prisonniers allemands en France.**

1° Les *textes officiels* (décrets, circulaires, etc.).

2° Les *rapports de l'ambassade des États-Unis.* Tandis que l'ambassadeur d'Espagne à Berlin, M. *Polo de Barnabé,* voulait bien se charger de surveiller et de défendre les intérêts des prisonniers français en Allemagne, la même mission était remplie, pour les prisonniers allemands en France, par l'ambassade des États-Unis. A cet effet, des visites ont été organisées, et ont eu lieu régulièrement dans les dépôts. Les rapports rédigés par les délégués de l'ambassade à la suite de ces visites ont été communiqués aux deux gouvernements.

3° Les *rapports des délégués de la Croix-Rouge internationale,* M. le conseiller national *Eugster,* et M. le lieutenant-colonel *de Marval,* de l'armée suisse. C'est d'abord M. de Marval, qui, au mois de décembre 1914, visita les dépôts des prisonniers en France, tandis que M. Eugster s'acquittait de la même mission en Allemagne. Mais, en vue de rendre plus facile la comparaison du régime des prisonniers dans les deux pays, MM. Eugster et de Marval firent ensemble, aux mois de mars et d'avril 1915, un voyage d'inspection, successivement en Allemagne et en France[1]. Les dépôts de prisonniers allemands en Algérie ont été visités en décembre 1915 par de nouveaux délégués du Comité international de la Croix-Rouge, MM. *P. Schazmann* et Dr *O.-L. Cramer;* les dépôts de Tunisie, en janvier 1916, par M. le Dr *A. Vernet* et M. *Richard de Muralt;* enfin, les dépôts du Maroc ont été inspectés, en janvier 1916, par le Dr *Speiser* et le Dr *Blanchod*, délégués du Comité international de la Croix-Rouge.

4° Certains *documents d'origine privée,* parmi lesquels on doit citer surtout les rapports des délégués de l'*Union chrétienne des jeunes gens* ou d'autres personnalités dont les déclarations inspirent une confiance complète.

**B. En ce qui touche le régime des prisonniers français en Allemagne.**

1° Les *rapports de l'ambassade d'Espagne à Berlin.* Ces rapports sont fort nombreux, l'ambassade d'Espagne ayant fait appel, pour l'accomplissement de sa mission, à des auxiliaires qui, à raison de leur compétence, de leur profession — généralement des médecins — offraient des garanties spéciales, et qui remplissent leur tâche avec le plus noble dévouement et le souci le plus scrupuleux de sauvegarder les droits de nos prisonniers. Les visites des délégués de l'ambassade ont été accompagnées d'une participation active aux distributions de secours dans les camps. C'est encore par l'intermédiaire de l'ambassade d'Espagne à Berlin qu'ont été signifiées au Gouvernement impérial les réclamations et les protestations auxquelles a donné lieu le traitement des prisonniers français en Allemagne.

2° Les *rapports des délégués de la Croix-Rouge internationale*, MM. *Eugster* et *de Marval*, qui se sont acquittés de leur tâche humanitaire dans un esprit d'équité et avec un zèle inlassable, au cours des années 1914 et 1915. Au mois d'avril 1916, un nouveau voyage d'inspection,

---

[1] Les rapports des délégués du *Comité international de la Croix-Rouge* ont été publiés sous le titre *Documents publiés à l'occasion de la guerre* 1914-1915, à Genève, librairie Georg et Cie, et à Paris, Boyaux et Chevillet, 22, rue de la Banque (6 volumes parus).

dont les résultats sont d'une importance capitale, a été fait dans quelques camps allemands par les Drs *Blanchod* et *Speiser*, délégués du *Comité international de la Croix-Rouge.*

3° Les *rapports des médecins et infirmiers*, qui, longtemps retenus en Allemagne, en violation certaine des conventions de La Haye, ont fait l'objet de rapatriements successifs, à partir du mois de juillet 1915.

4° Les *comptes rendus des interrogatoires* reçus sous la foi du serment par un officier délégué à cet effet par l'autorité militaire, auxquels ont été soumis les grands blessés rapatriés à partir du mois de mars 1915. (Des échanges de grands blessés, à la suite d'accords intervenus entre les Gouvernements, ont eu lieu en mrrs, juillet, septembre, décembre 1915, février 1916.)

5° Des *documents d'origine privée.*

## OBSERVATIONS SUR LA VALEUR RELATIVE DES SOURCES.

Il est certain qu'une importance égale ne saurait équitablement être attachée aux documents d'origines très diverses qui viennent d'être énumérés. Les textes officiels (décrets, circulaires, règlements des commandants de camps...) font connaître le régime *théorique* des prisonniers. Mais, en fait, les circonstances locales, les dispositions plus ou moins bienveillantes des autorités amènent des variations dont il est essentiel de tenir compte. En France, l'existence d'un *Règlement* détaillé *sur les prisonniers de guerre*, en date du 21 mars 1893, œuvre remarquable qui a été citée avec éloge, à plusieurs reprises, au cours des conférences internationales de La Haye, assura, dès le début de la guerre, toute l'uniformité possible dans le traitement des prisonniers. En Allemagne, où il n'existait rien de semblable, un pouvoir arbitraire fut laissé aux commandants de camps.

Les faits résultant des documents officiels et des rapports de la Croix-Rouge internationale seront donc utilement confirmés et illustrés par des témoignages provenant de sources privées, de lettres, d'interrogatoires reçus sous la foi du serment. Encore faudra-t-il faire une place à part aux rapports des médecins, qui offrent un intérêt spécial. Les documents essentiels sont donc les rapports des délégués neutres. Pour assurer à leurs visites d'inspection la plus grande efficacité, un accord intervenu entre les Gouvernements, au mois de novembre 1915, a permis à ces délégués de pénétrer, sans aucun avis préalable, sur la seule justification de leur qualité, dans tel ou tel dépôt de leur convenance. Les délégués peuvent s'entretenir librement, sans aucune assistance gênante, avec les prisonniers, et recevoir leurs plaintes. Il est à regretter que cette clause n'ait pas été observée par les deux parties avec une égale bonne foi. En France, les délégués ont joui de la plus entière liberté pour s'entretenir, seuls, avec les prisonniers. Ainsi, M. de Marval, visitant, au mois de janvier 1915, les dépôts de l'Ouest de la France (Bretagne, Vendée, Touraine), constate qu'il lui a été « possible de parler en toute intimité avec n'importe quels prisonniers, officiers supérieurs, officiers subalternes, sous-officiers ou soldats [1] allemands et qu'il a « largement usé de cette autorisation ». Le délégué de l'ambassade des États-Unis, visitant au mois d'août 1915 des camps de prisonniers en France, a pu s'entretenir seul à seul avec les prisonniers; et si, au dépôt de *Dinan*, il rencontra quelque résistance, il constate « que c'est la première fois, sur plus de cinquante camps, que cette permission ne lui est pas immédiatement accordée » [2]. Voici comment les nouveaux délégués du Comité international de la Croix-Rouge, le Dr *Speiser* et le Dr *Blanchod*, décrivent les conditions dans lesquelles ont eu lieu leurs visites, en janvier 1915, aux dépôts du Maroc : « Après avoir vu les prisonniers au travail, dans la plupart des cas, nous les réunissons dans le camp et leur adressons dans leur langue une petite allocution, leur disant que nous sommes des représentants de la Croix-Rouge internationale, et leur apportons avec l'autorisation du Gouvernement français le salut de leur patrie et l'assurance qu'on ne les oublie pas en Allemagne, nous leur donnons la garantie qu'ils peuvent nous adresser, sans témoin et sans aucune crainte, toute réclamation qu'ils estiment fondée » [3].

---

[1] Rapport de M. le lieutenant-colonel Dr C. de Marval sur sa visite aux dépôts de prisonniers de guerre allemands dans les IXe, Xe et XIe régions. *Op. cit.*, 1re série, p. 27.

[2] Rapport de l'ambassade des États-Unis sur la visite de ses délégués au dépôt de *Dinan*, le 20 août 1915.

[3] Rapport du Comité international de la Croix Rouge sur la visite de ses délégués aux dépôts du Maroc en janvier 1916.

On ne saurait dire que les autorités allemandes aient montré le même libéralisme. Un rapport de l'ambassade d'Espagne contient à ce sujet le témoignage suivant : « L'ambassade royale d'Espagne a pu constater avec la plus grande satisfaction que, *pour la première fois*, dans les trois camps visités, son délégué a pu s'entretenir sans témoins et sans restriction avec tous les prisonniers »[1]. Or il ne semble pas que, depuis, cette règle ait été rigoureusement observée : un rapport de l'ambassade d'Espagne sur la visite de son délégué au camp de *Gnadenfrei*, le 4 décembre 1915, constate encore que le délégué n'a pu s'entretenir avec les officiers prisonniers qu'en présence d'un officier allemand et de l'interprète du camp[2]. Des incidents de même nature sont rapportés à *Ingolstadt*[3] et à *Torgau*[4]. Il faut ajouter, malheureusement, comme résultant de témoignages certains, l'emploi de procédés indignes pour prévenir ou réprimer la libre expression, par les prisonniers, de leurs plaintes et de leurs désirs. A *Friedberg*, les officiers prisonniers ont été informés que si dans leurs conversations avec les délégués des pays neutres ils employaient des expressions malsonnantes, on ouvrirait contre eux une instruction judiciaire. Le même avertissement a été donné pour le cas où ils altéreraient la vérité dans les lettres qu'ils écriraient à l'ambassade d'Espagne[5]. A *Magdeburg*, des *policiers allemands* se sont présentés aux officiers français prisonniers comme étant les représentants de l'ambassade d'Espagne, chargés de recevoir leurs réclama-

---

[1] Rapport de l'ambassade d'Espagne sur la visite de ses délégués dans les camps de prisonniers de guerre français de *Parchim*, *Burg* et *Magdeburg*, transmis à M. le Ministre de la Guerre par lettre n° P. G. 116 de M. le Ministre des Affaires étrangères, en date du 7 juin 1915.

[2] Rapport de l'ambassade d'Espagne sur la visite de son délégué au camp de *Gnadenfrei*, le 4 décembre 1915.

[3] Rapport de l'ambassade d'Espagne sur la visite de ses délégués au camp d'*Ingolstadt* (novembre 1915).

[4] Lettre d'un officier prisonnier à *Torgau*, mentionnée dans la lettre n° 27308 6/10 du Ministre de la Guerre, en date du 23 janvier 1916, à M. le Président du Conseil, Ministre des Affaires étrangères.

[5] Rapport de l'ambassade d'Espagne sur la visite de ses délégués au camp de *Friedberg*, le 22 avril 1916.

tions[1]. A la fabrique *Ehrhardt*, à *Dusseldorf*, le 20 mars 1916, les prisonniers ont été avisés qu'ils pourraient envoyer leurs réclamations éventuelles au représentant de leur pays en Allemagne; 76 prisonniers ont écrit le 27 mars à M. le Consul d'Espagne à *Münster*, demandant à ne plus travailler dans une usine de munitions : les 76 lettres ont passé par la censure du camp de Münster : les prisonniers n'avaient pas de réponse le 30 avril[2]. A *Weitmoos-Eggstätt*, à la suite d'une visite des délégués de l'ambassade d'Espagne, les prisonniers français qui se sont plaints trop vivement ont été l'objet de mesures odieuses[3]. Ces constatations doivent inspirer une admiration et une reconnaissance plus grandes pour la haute impartialité et la pénétration avec lesquelles les délégués neutres se sont acquittés de leur mission.

## LE DROIT.

Le droit commun, à la lumière duquel doit être apprécié le régime des prisonniers en France et en Allemagne, est contenu dans la *Convention de La Haye concernant les lois et coutumes de la guerre sur terre du 29 juillet 1899* revisée le 18 octobre 1907 et le *Règlement* annexé à cette convention — textes au-dessous desquels figurent les signatures de la France et de l'Allemagne, — auxquels il faut ajouter la *Convention de Genève* signée le 6 juillet 1906. Sans doute, les violations de ces conventions internationales, en commençant par la violation scandaleuse de la neutralité belge, ont été nombreuses. Mais comme, en dépit

---

(1) Rapport du capitaine C..., de l'État-Major de Maubeuge, rapatrié d'Allemagne, le 2 décembre 1915, mentionné dans la lettre n° 25243 6/10 du Ministre de la Guerre à M. le Président du Conseil, Ministre des Affaires étrangères, en date du 28 décembre 1915.

(2) Rapport du Comité international de la Croix-Rouge sur la visite de ses délégués dans quelques camps allemands au mois d'avril 1916.

(3) Lettre de M. J. D..., en date du 25 janvier 1916, mentionnée dans la lettre 29232 6/10 du Ministre de la Guerre à M. le Président du Conseil, Ministre des Affaires étrangères, en date du 13 février 1916. Rapport du Comité international de la Croix-Rouge sur la visite de ses délégués dans quelques camps allemands au mois d'avril 1916.

de ces violations, les deux puissances belligérantes ne cessent de se prévaloir de ces textes pour en reprocher la transgression à l'adversaire, elles en reconnaissent par là, implicitement, l'autorité. Et ces textes doivent toujours être regardés comme la règle en laquelle se concrétisent les principes d'humanité élémentaires qui, depuis les conquêtes morales du XVIII^e siècle, constituent le régime international des prisonniers.

## LE RÉGIME DES PRISONNIERS.

On verra comment, en fait, dès le début des hostilités, le Gouvernement français s'est attaché à appliquer, à interpréter dans l'esprit le plus large les dispositions des conventions de La Haye. Le bénéfice de la mise en liberté sur parole immédiatement accordé aux officiers allemands prisonniers, les facilités, au point de vue de la correspondance, allant jusqu'à permettre l'envoi de télégrammes en fourniront la preuve irréfutable. Au point de vue de l'installation, comme de l'alimentation et de la discipline, l'autorité française s'est inspirée du principe sur lequel repose toute la réglementation de La Haye : le principe de l'assimilation des prisonniers aux soldats de la nation qui les possède. Il a fallu, pour qu'une partie de ces avantages spontanément accordés aux prisonniers allemands leur fût retirée, que le Gouvernement français se vît contraint, pour sauvegarder les droits de ses nationaux prisonniers en Allemagne, de recourir à des mesures de réciprocité.

Du côté allemand, le fait que des populations entières, femmes, enfants, vieillards, ont été emmenées en captivité, le fait que de très nombreux médecins et infirmiers ont été retenus en Allemagne de longs mois après leur capture, alors que leur concours n'était plus nécessaire, ont attesté, dès le début des hostilités, le peu de souci que le gouvernement avait des conventions internationales. Les restrictions immédiatement apportées à la correspondance, le refus du régime de la mise en liberté sur parole attestent l'absence complète de cet esprit de bienveillance qui peut seul adoucir, dans une certaine mesure, la douloureuse monotonie de la captivité. Les défauts d'une installation qui, malgré des prodiges d'« organisation » dont on s'est prévalu avec orgueil, ont été, dans les premiers temps surtout, pour les masses de prisonniers enfermés en d'étroits espaces, une source de souffrances terribles; une alimentation dont le moins qu'on puisse dire est qu'elle fut insuffisante et mauvaise, des travaux pénibles, des brutalités, des épidémies favorisées par une criminelle négligence, tout cela fera peser sur l'Empire allemand, devant l'Histoire, une lourde responsabilité. Car si des atténuations à ce régime, des améliorations notables ont été obtenues, c'est à la suite de protestations renouvelées, d'interventions persévérantes des neutres, et des mesures de réciprocité dont il a été question plus haut.

## PLAN.

Dans l'exposé comparé du régime des prisonniers en France et en Allemagne, on se conformera en général à l'ordre suivi par les auteurs des conventions de La Haye. On étudiera, dans huit chapitres successifs :

Chapitre I. — La capture.
Chapitre II. — Le régime des officiers.
Chapitre III. — L'entretien des prisonniers, au triple point de vue du couchage, de l'alimentation, de l'habillement.
Chapitre IV. — La correspondance.
Chapitre V. — L'hygiène.
Chapitre VI. — La discipline.
Chapitre VII. — Les travaux.
Chapitre VIII. — Le rapatriement.

# CHAPITRE PREMIER.

## LA CAPTURE.

*Convention de La Haye du 18 octobre 1907. Règlement annexe.* — Art. 4. — *Les prisonniers de guerre sont au pouvoir du Gouvernement ennemi, mais non des individus ou des corps qui les ont capturés. Ils doivent être traités avec humanité. Tout ce qui leur appartient personnellement, excepté les armes, les chevaux et les papiers militaires, reste leur propriété.*

Toute brutalité que n'explique pas la nécessité d'assurer la garde des prisonniers et d'empêcher leur fuite constitue un lâche abus de la victoire.

Le respect de la propriété privée des prisonniers, comme celui de leur vie, est imposé par le principe, internationalement admis, que la guerre crée un rapport d'État à État, mais ne doit pas entraîner, pour les individus, de souffrances inutiles. Par la Convention de Genève du 6 juillet 1906, art. 28, les Gouvernements se sont engagés à proposer à leurs législateurs, en cas d'insuffisance de leurs lois pénales militaires, les mesures nécessaires pour réprimer en temps de guerre les actes individuels de pillage et de mauvais traitements envers des blessés et des malades des armées.

## SECTION I.

### LA CAPTURE ET LE TRANSPORT DES PRISONNIERS ALLEMANDS EN FRANCE.

Un moyen souvent employé par les autorités militaires allemandes, pour prévenir chez leurs hommes toute velléité de se rendre, est de leur donner l'idée la plus sombre des intentions de leurs ennemis et du sort qui les attend après la capture. La surprise éprouvée par les soldats allemands en se voyant au contraire l'objet, non seulement de traitements humains, mais de soins attentifs, s'exprime assez naïvement dans les carnets de notes trouvés sur les prisonniers.

On peut citer, à titre d'exemple, le passage suivant extrait d'un carnet du soldat *Bohme*, du 11$^{e}$ bataillon de chasseurs (XI$^{e}$ corps d'armée). Bohme, blessé au cours de la retraite qui a suivi la bataille de la Marne, est resté étendu dans une étable. La scène se passe le 9 septembre 1914, dans une localité dont il ne dit pas le nom, mais qu'il ne croit pas fort éloignée de Paris :

Hier blieben wir auch am Mittwoch liegen ohne das Geringste zu ahnen. Da krachte am Spätnachmittag eine Blindgänger einer Granate an unseren Stallgebaüde ein. Das ganze Haus erzitterte. Ich machte mich auch aus diesem Stalle, doch siehe da, unsere Kolonne war verschwunden. Ungefähr 130 Kranken hatte sie im Stich gelassen. Ich machte mich dann in das Wohnhaus, in dem auch Kranke lagen und alle sahen vereint ihrem Schicksal entgegen, so ahnten nichts Gutes; alle befürchteten vom Feinde verstummelt zu werden. Donnerstag d. 10 Sept. kommen früh die ersten feindlichen Patrouillen in den Ort. Es waren Kuirassieren. Wir alle waren erstaunt über die Höflichkeit derselben. Sie vernichteten die zurückgebliebenen Waffen, und durchsuchten das Haus nach denselben. Auch die später durchkommenden Turkos waren nicht die Menschen wie sie allgemein geschildert werden. Viele verabreichten uns sogar Lebensmittel p. p. Der gefährlichste Feind, den wir hatten war der Hunger. Unsere Truppen hatten uns ohne jegliche Lebensmittel und Verbandstoffen zurückgelassen. Das Brot war schon am Freitag verbraucht.

Nous y restâmes étendus le mercredi sans avoir le moindre pressentiment. A la fin de l'après-midi un obus non éclaté tomba sur le bâtiment de l'étable. Toute la maison trembla. Je me traînai hors de l'étable; mais voici que notre colonne avait disparu. Elle avait laissé en plan 130 malades environ. Je me traînai alors dans la maison d'habitation où gisaient aussi des malades; et tous réunis envisageaient leur sort et ne pressentaient rien de bon; tous craignaient d'être mutilés par l'ennemi. Le jeudi 10 septembre, de bonne heure, les premières patrouilles ennemies arrivent dans la localité. C'étaient des cuirassiers. Nous étions tous surpris de leur courtoisie. Ils détruisirent les armes abandonnées, et fouillèrent la maison pour en trouver. Les turcos qui passèrent plus tard n'étaient pas non plus les hommes qu'on dépeint généralement. Beaucoup nous délivrèrent des vivres. Le plus dangereux ennemi que nous avions était la faim. Nos troupes nous avaient laissés en arrière sans aucuns vivres ni pansements. Le pain était déjà consommé le vendredi.

Si l'excitation de la lutte peut entraîner des actes individuels de violence ou de pillage, c'est à l'autorité militaire qu'incombe la mission de les prévenir, ou d'en assurer la répression par une intervention énergique. La répression se fonde, en France, sur l'article *249 du Code de justice militaire*, modifié par *la loi du 24 juillet 1913*, qui, pour mettre la législation française d'accord avec l'article 28 de la Convention de Genève, frappe d'une peine aggravée, la *réclusion*, le vol commis au préjudice de blessés ou de malades. Les quelques faits de cette nature parvenus à la connaissance des autorités militaires françaises ont été suivis de sanctions énergiques. Il est d'ailleurs à remarquer que

Extrait du carnet du soldat *Bohme*, du 11e bataillon de chasseurs (XIe corps d'armée) relatant les circonstances qui ont suivi sa capture.

Régime des prisonniers, p. 18.

les vols imputés à des soldats français par le *Livre blanc* allemand lui-même sont très peu nombreux et portent sur des valeurs insignifiantes [1].

**Le transport.** — Le transport des prisonniers du lieu de la capture à celui de leur internement s'effectue, autant que cela est possible, dans des wagons de 3e classe. Des instructions ont été données [2] pour que le transport ait lieu, de préférence, dans des wagons à couloirs, munis de water-closets, permettant une surveillance facile. C'est seulement dans le cas de nécessité et en l'absence de tout préjudice possible pour la santé des prisonniers, qu'il est fait usage de wagons de marchandises, spécialement aménagés à cet effet. L'alimentation, pendant le voyage, est la même que pour les soldats français. Les blessés et malades allemands sont transportés dans des conditions identiques à celles des blessés et malades français. Les officiers prisonniers bénéficient des égards spéciaux dus à leurs grades. Des précautions sont prises pour protéger les prisonniers, pendant les stationnements dans les gares, contre toutes manifestations possibles de la foule : interdiction d'abaisser les vitres et de lever les rideaux; interdiction au public de stationner sur les quais; garage du train sur une voie spéciale éloignée de la station. Il convient d'ailleurs de signaler que, presque toujours, le calme et la dignité des foules françaises ont rendu ces précautions inutiles. L'indignation populaire, vivement exprimée en d'autres occasions, s'est toujours contenue devant les ennemis désarmés, et il est sans exemple qu'un prisonnier allemand ait eu à subir de brutalité pendant le parcours.

Voici dans quels termes un prisonnier allemand, le soldat *Winckler*, du 106e régiment d'infanterie (XIXe corps), raconte son voyage depuis les environs de *Châlons-sur-Marne* où, abandonné par l'ambulance allemande, il tombe entre les mains des Français, dans les derniers jours du mois de septembre 1914, pour être dirigé sur *Mâcon* (par *Cluny*).

Wir kamen sechs Mann in Auto und fuhren bis Châlon. Wurden dann in eine Schule am Bahnhof gebracht in der wir momentan noch liegen. Zu Mittag brachte uns eine frz. Krankenschwester Bouillon und Fleisch. War sehr freundlich mit uns ueberhaupt mit den Sachsen. Nachmittag blieben wir hier liegen. Gegen 3 Uhr wurde uns Caffee Brot und Fleisch gebracht 2 X Um 10 Uhr kamen wir nach dem Bahnhof

---

(1) *Kriegsministerium. Militär. — Untersuchungsstelle für Verletzungen des Kriegrechts.* Z, V.

(2) Note 10,800 4/11 de l'État-Major de l'armée, 4e Bureau, en date du 11 mai 1915.

und wurden da verladen. Um 11 Uhr ging der Zug weg nach dem Sudem zu. Wissen leider nicht wohin. Abends kamen noch Cameraden vom 8. renischen Reserve corps dazu.

Dienstag 29.9.14.

Ganze Nacht auf der Bahn und den Vormittag 1/2 10. vorn Troyes passiert. Geht aber immer weiter. Bis jetzt Brot gegessen. Den ganzen Tag und Nacht gefahren. Schöne Gegenden passiert mit Weinbau, Kürbis, Gurken.

Mittwoch den 30.9.14.

Früh gegen 7 Uhr in Cluny (Mittel-Frankreich) ausgeladen. Kam mit noch 9 Mann in den Bahnhof und wurden dann mit Droschken abgeholt nach dem Hospital das ein Klosterschule war, gebracht. Hier kamen wir sofort in Betten. Mussten uns ausziehen. Dann wurden wir von den Schwestern gewaschen, dann frisch verbunden, bekamen auch dann zu essen gebratenes Fleisch und Bohnen erst Brot-Suppe und dann 3 Gläser warme Milch also einfach grossartig. Die Leute sind so freundlich, ich bin voll des Lobes darüber. Der liebe Gott hat alles wohlgemacht. Habe dank dafür. Er verlässt uns nicht.

Nachmittag gab es gebratene Kartoffeln und gebratenes Fleisch mit Brot zu essen auch wieder tadellos also so eine Behandlung hätte ich nicht erwartet. Legte mich dann gegen schlafen.

Nous entrâmes six hommes dans une auto et partîmes pour Châlons. Nous fûmes conduits dans une école près de la gare, et comme nous y étions couchés momentanément, à midi, une sœur garde-malade française nous porta du bouillon et de la viande. Elle fut très aimable avec nous, surtout avec les Saxons. L'après-midi, nous y restâmes couchés. Vers 3 heures on nous porta du café, du pain et de la viande, deux fois. A 10 heures nous allâmes à la gare et fûmes rembarqués. A 11 heures, le train partit dans la direction du Sud. Malheureusement nous ne savions pas où. Le soir, des camarades du 8e corps rhénan de réserve se joignirent à nous.

Mardi 29. 9. 14.

Toute la nuit dans le train, et, dans la matinée, à 9 h. 1/2, passé devant Troyes. Mais on va toujours plus loin. Jusqu'ici mangé du pain. Voyagé tout le jour et la nuit. Traversé de belles contrées avec vignobles, citrouilles et concombres.

Mercredi 30. 9. 14.

De bonne heure, vers 7 heures du matin, on nous débarque à Cluny (France centrale). Moi et neuf autres furent descendus à la gare. Nous fûmes emmenés en fiacre à l'hôpital qui était l'école d'un couvent. Aussitôt on se mit au lit. Il fallut se déshabiller. Puis nous fûmes lavés par les sœurs, puis pansés de frais, nous reçûmes à manger de la viande rôtie et des haricots, d'abord de la soupe au pain, puis trois verres de lait chaud, donc repas tout simplement grandiose. Les gens sont si aimables, je suis plein d'éloges à ce sujet. Le bon Dieu a tout bien fait. Je l'en remercie. Il ne nous abandonne pas.

— 63 —

ging es weiter. Wir kamen [illegible]
in Auto und fuhren bis Chalons
Wurden dann in eine Schule am
Bahnhof gebracht wo wir von Montag
noch lagen. Zu Mittag brachte uns
eine frz. Krankenschwester Bouillon
u. [illegible] [illegible] mit einem
[illegible] auf den Tisch. [illegible]
blieben wir hier liegen. Gegen
8 Uhr wurde uns Kaffee Brot u. Fleisch
gebracht 2 X. Um 10 Uhr kamen wir
nach dem Bahnhof und wurden
da verladen. Um 11 ging der Zug
weg nach dem Süden [illegible]
[illegible] nicht [illegible]
noch Kameraden vom [illegible]
[illegible] dazu waren.
Dienstag 29. 9. 14
Ganze Nacht auf der Bahn und
um Vormittag 1/2 10 von Troyes
passiert. Geht aber immer weiter
Bis jetzt Brot gegessen

Nacht — 64

Den ganzen Tag gefahren [illegible]
Gegend passiert und [illegible]

Extrait du carnet du soldat *Winckler*, du 106° régiment d'infanterie (XIX° corps d'armée) relatant les soins dont il a été l'objet, après sa capture.

Mittwoch den 30.9.14.
früh gegen 7 Uhr in Cluny
angekommen kamen wir nach
in den Bahnhof und wurden
mit Tragbahren abgeholt nach dem
Hospital das ein Kloster früher
war gebracht. Hier kamen wir
sofort in Betten Hemden aus
ziehen. Dann wurden wir von den
Schwestern gewaschen dann frisch
verbunden bekamen auch dann zu
essen gebratenes Fleisch & Bohnen und
Brot-Suppe und dann 2 Gläser Wein
Also einfach großartig. Die
Leute sind so freundlich ich bin
voll des Lobes darüber. Der liebe
Gott hat alles wohlgemacht Habe
Dank dafür. Er verlässt uns
nicht.

Nachmittag gab es gebratene Kartoffeln
und gebratenes Fleisch und Brot gegessen auch wieder tadellos also so
eine Behandlung hätte ich nicht
erwartet. Legte mich dann gegen [illegible]

Extrait du carnet du soldat *Winckler*. (Suite.)

Extrait du carnet du soldat *Paul Rudloff*, du 82e régiment d'infanterie (IVe corps de réserve) au sujet de son arrivée à l'hôpital d'Évreux.

Débarquement d'officiers allemands prisonniers au dépôt du *Palais* (*Belle-Isle*).

L'après-midi il y eut des pommes de terre rôties, de la viande rôtie, du pain, tout encore irréprochable; je n'aurais pas espéré un pareil traitement. Je me suis mis ensuite à dormir.

**L'arrivée au dépôt.** — Les prisonniers sont accueillis dans la localité où est installé le dépôt, par le commandant d'armes, qui envoie au-devant de chaque colonne dont l'arrivée lui est annoncée un officier chargé de guider la colonne, et, le cas échéant, les troupes jugées nécessaires pour renforcer l'escorte.

On emprunte au carnet du soldat *Paul Rudloff*, 4e corps de réserve Inf. Reg. n° 82, 12e compagnie (Göttingen), le récit d'une arrivée de blessés allemands à l'hôpital d'*Évreux*, le 14 septembre 1914.

Um 12 Uhr Nachts kommen wir in Effreu (Évreux) an und werden in Landauers in ein Hospital gebracht. Wir sind sehr vorsichtig ausgeladen worden, die Behandlung, das Essen, die Betten, ärtzliche Hülfe ist eine tadellose. Civilvolk sehr anständig. Uns allen gefällt es grossartig; auch mit den französischen Soldaten die hier als verwundeten liegen sind wir Kameraden. Kurz wir sind Brüder im vollstem Sinne des Wortes und alle Achtung dem französischen Volke.

A minuit nous arrivons à Évreux et sommes transportés en landau dans un hôpital. On nous a débarqués avec beaucoup d'attentions; le traitement, la nourriture, les lits, les soins médicaux sont irréprochables. La population civile, très convenable. Cela nous plait à tous énormément; avec les soldats français blessés qui sont ici nous sommes camarades; bref, nous sommes frères dans toute l'acception du mot. Rendons pleine justice au peuple français.

## SECTION II.

### LA CAPTURE ET LE TRANSPORT DES PRISONNIERS FRANÇAIS.

**Ce que les prisonniers ont vu.** — L'appropriation des objets que le combattant vaincu porte sur lui, longtemps admise comme licite par la doctrine et par la pratique allemandes, est condamnée par le « *Manuel allemand sur les lois de la guerre* » publié récemment par le Grand État-Major. On lit dans ce *Manuel*[1] : « Die Kriegsgefangenen verbleiben im Besitze ihres Privateigen-

---

[1] *Kriegsgeschichtliche Einzelschriften herausgegeben vom Grossen Generalstabe, Heft 31 Kriegsbrauch im Landkriege.* Berlin 1902, p. 15. — *Les lois de la guerre continentale* (publication de la section historique du Grand État-Major allemand, 1902, traduction de Paul Carpentier. Paris, 1904, p. 34).

tums, ausgenommen : Waffen, Pferde und Schriftstücke militärischen Inhalts. Les prisonniers gardent la possession de ce qui leur appartient, à l'exception de leurs armes, chevaux et papiers offrant un intérêt militaire. » Non seulement les faits de *vol* imputables aux soldats allemands à l'encontre de prisonniers, de blessés français et de civils sont *innombrables, habituels* (vols de porte-monnaie, de montres, de bijoux, de vêtements, etc.), mais les déclarations des grands blessés rapatriés apportent une douloureuse contribution aux résultats de l'enquête concernant les *atrocités allemandes*, qui a eu lieu sur l'initiative du Gouvernement français [1]. Massacres de blessés; exécution sans jugement de civils arrêtés comme francs-tireurs; incendies de maisons où des femmes, des enfants sont enfermés à clef et brûlés vifs, ces faits, qui au début des hostilités furent pour l'autorité allemande un moyen de *terrorisation*, un instrument de guerre, ont été *vus* par les prisonniers. C'est presque au hasard que l'on emprunte au lieutenant B..., du 34e régiment d'infanterie, ce récit des circonstances qui ont suivi sa capture à *Craonne*, le 16 septembre 1914 [2] : « Les indemnes et les blessés qui peuvent marcher sont dirigés sur Laon ; au détachement vient se joindre un enfant d'environ seize ans ; il a les mains liées derrière le dos, les Allemands l'ont chargé de deux sacs; une brute le tient en laisse et ne lui épargne ni les coups de pied, ni les coups de crosse, voire même les crachats; ils l'ont pris pour un espion. Je lui demande s'il l'est; il me répond qu'il ne sait pas pourquoi on l'emmène; sa mère est veuve et habite Craonne. Cet enfant marche sous la pluie pendant 30 kilomètres; on le pousse à coups de crosse. Nous arrivons à Laon sans avoir rien mangé de toute la journée. Des femmes veulent nous donner du pain; elles sont repoussées aussi à coups de crosse. Nous sommes conduits à la caserne d'artillerie. Les Allemands attachent à un anneau l'enfant présumé espion, que la marche a exténué; ils se placent devant lui et le mettent en joue. L'enfant crie, supplie, tire sur la corde. Nous tournons la tête pour ne pas voir le crime.... »

**Le voyage.** — Puis, ce sont les souffrances inexprimables d'un voyage de plusieurs jours dans les *wagons à bestiaux*, où, dans l'immense majorité des cas, les prisonniers, même blessés, même malades, sont entassés sans nourriture, sans médicaments : « Dès le matin du 20 septembre, écrit le lieutenant

---

(1) *Rapports et procès-verbaux d'enquête de la Commission instituée en vue de constater les actes commis par l'ennemi en violation du droit des gens.* (Décret du 23 septembre 1914.)

(2) Rapport du lieutenant B..., rapatrié du camp d'*Erfurt* en juillet 1915.

B..., nous sommes dirigés sur *Hanor*, station où la ligne reprend. Nous sommes entassés dans des wagons à bestiaux. Dans mon wagon, nous sommes cinquante-sept, dont une dizaine de blessés; faute de place, nous restons accroupis; impossible de nous étendre; le wagon est fermé; une petite fenêtre grillagée nous donne un peu d'air. Notre voyage dure quatre jours; à chaque instant le train s'arrête pour laisser passer des convois de troupes qui se dirigent en France. Ces soldats nous insultent; une ou deux fois par jour, on nous ouvre la porte pour nous donner un peu d'air. Plusieurs d'entre nous sont malades; ils font leurs besoins dans le couloir; nous sommes complètement courbaturés..... »

**L'accueil en Allemagne.** — C'est enfin l'accueil en Allemagne. Les manifestations haineuses de la foule — hurlements, jets de pierres, de bouteilles, vols, à toutes les gares, de boutons d'uniformes et de képis — sont habituelles dans les premiers mois de la guerre, alors que la grande majorité des prisonniers sont arrivés. Ce qui est plus odieux, c'est le caractère *prémédité* de ces manifestations. A *Erfurt*, sur le quai de la gare, des femmes sont armées de couteaux, de serpes, de faucilles, et veulent tuer les Français [1]. Ce qui est plus odieux encore c'est la *complicité* ouverte ou tacite qu'elles trouvent chez les autorités allemandes. A *Rastatt*, le 24 août 1914 : « Nous fûmes exhibés à une foule de plusieurs milliers de personnes qui avaient accès dans l'enceinte du fort. Au milieu des huées de la populace de la ville et des environs, *prévenus télégraphiquement*, on nous fit défiler, officiers en tête, à travers toutes lesavenues montant à la gare » [2]. A *Torgau*, le 5 septembre : « La population nous couvrait non seulement d'insultes, mais de crachats. Un civil ne cessa de frapper les prisonniers à coups de fouet. Les jeunes recrues qui suivaient le convoi par plaisir et non par nécessité, puisque nous étions escortés par des troupes de service, distribuaient continuellement des coups de pied aux prisonniers qui se trouvaient près d'eux. Le trajet d'une demi-heure de la gare de Torgau à la citadelle parut un siècle. »

---

[1] Interrogatoire, reçu sous la foi du serment, de F. Louis, infirmier rapatrié en juillet 1915.

[2] Rapport du médecin-major de réserve T. rapatrié en juillet 1915.

# CHAPITRE II.

## LE RÉGIME DES OFFICIERS.

*Règlement de La Haye.* — Art. 17. *Les officiers prisonniers recevront la solde à laquelle ont droit les officiers du même grade du pays où ils sont retenus, à charge de remboursement par leur gouvernement.*

## SECTION I.

### LE RÉGIME DES OFFICIERS ALLEMANDS PRISONNIERS EN FRANCE.

Dès le début des hostilités, le Gouvernement français s'est préoccupé d'assurer aux officiers allemands prisonniers un traitement rigoureusement conforme aux exigences du législateur de La Haye.

**Solde.** — Au point de vue de la solde, ces officiers ont été assimilés aux officiers du grade correspondant dans l'armée française; ils ont bénéficié d'une solde variant, pour chaque mois, de *102* à *336 francs*. Ces sommes, s'ajoutant aux fonds que les officiers possèdent à leur arrivée au dépôt, aussi bien qu'à ceux qui leur sont adressés d'Allemagne, sont pris en charge par le comptable du dépôt, qui ne délivre directement que des acomptes successifs peu élevés, ne pouvant jamais dépasser un total de 25 francs par semaine. Les achats importants effectués par les officiers sont payés par le comptable sur les fonds leur appartenant qui ont été déposés dans sa caisse.

**Installation.** — Le Gouvernement français a, dès le début de la guerre, appliqué, au profit des officiers allemands qui l'ont demandé, le régime de la mise en liberté sur parole, consistant dans la faculté de circuler librement, sans aucune surveillance, dans la localité où ils sont internés. Le 2 février 1915, M. de Marval visitant le dépôt de *Château-Chadrac* (au Puy) trouve trente-trois officiers allemands installés dans une « charmante propriété à tourelles dominant la vallée avec une vue idéale et très étendue ». « Un grand jardin est mis à leur disposition. » « Ils sont très satisfaits du sort qui leur est fait »[1].

---

[1] Rapport de M. de Marval sur treize dépôts de prisonniers dans les XIII$^{e}$, XIV$^{e}$ et XV$^{e}$ régions, *op. cit.*, 1$^{re}$ série, p. 56.

Vue du dépôt d'officiers prisonniers de *La Roche-Arnaud* (*Le Puy*).

*Régime des prisonniers, p. 17.*

Chambre d'un colonel allemand prisonnier au fort de *Barraux* (près Grenoble).

*Régime des prisonniers*, p. 17.

Le même mois, après sa visite à *Corte* (Corse), M. l'ambassadeur des États-Unis rapporte que les trente-six officiers libres sur parole occupent différentes maisons et ont la liberté d'aller en ville. Ils parlent dans les termes les plus élogieux du traitement qui leur est fait [1].

Les officiers qui n'ont pas usé du bénéfice institué à leur profit par les autorités françaises ont été internés dans des châteaux, des places fortes, d'anciens monastères désaffectés. Aux termes du règlement [2], les officiers généraux ont droit à une chambre séparée, et dans la mesure du possible, à une seconde pièce contiguë. Les officiers supérieurs sont séparés des officiers subalternes; ils sont, suivant les dispositions matérielles des casernements, soit groupés, soit logés dans des pièces isolées les unes des autres. Les conditions d'installation sont aussi larges que possible, les officiers jouissant partout, en dehors de leurs chambres, qui doivent être bien chauffées et éclairées, d'une grande salle commune leur servant à la fois de salle à manger et de salon, et conservant la liberté de se promener toute la journée dans l'intérieur du dépôt, un ordonnance est mis à la disposition de chaque groupe de 5 à 10 officiers. Deux dépôts seulement, celui de la *Reine-Anne* et celui d'*Entrevaux,* installé dans un vieux château du Dauphiné, n'ont pas paru, dans les débuts, répondre pleinement à ces prescriptions et ont donné lieu à des observations justifiées de la part du délégué de l'ambassade des États-Unis, auquel le Gouvernement français s'est empressé d'accorder satisfaction. Lors de sa nouvelle visite au dépôt d'*Entrevaux,* le 9 février 1916, le délégué de l'ambassade constate, en effet, que l'installation est améliorée: «Toutes les chambres sont exposées au soleil, bien éclairées, aérées et ne paraissant pas humides. Presque toutes ont une vue magnifique sur la vallée du Var, à quelque 600 pieds au-dessous [3] ». Partout ailleurs, les visiteurs neutres n'ont trouvé que des motifs de satisfaction. Ainsi, à *Belle-Isle,* «les officiers sont logés dans un bâtiment qui domine la mer. Les chambres sont bien aérées et éclairées. Une grande pièce sert de salle à manger, de café et de salon; il s'y trouve un piano [4] ». À *Fougères,* «l'intérieur du château est vaste et comprend d'agréables jardins en terrasses, garnis de beaux arbres et de fleurs que les prisonniers cultivent pour se distraire. Il y a des agrès de gymnastique et

---

[1] Rapport de l'ambassade des États-Unis sur la visite de ses délégués au dépôt de *Corte,* le 26 février 1915.

[2] Dépêche ministérielle n° 8196 6/10 du 25 mai 1915.

[3] Rapport de l'ambassade des États-Unis sur la visite de son délégué au dépôt d'*Entrevaux,* le 9 février 1916.

[4] Rapport de l'ambassade des États-Unis sur la visite de son délégué au dépôt de *Belle-Isle,* le 10 août 1915.

un petit espace plat réservé pour les jeux. Les officiers peuvent sortir de 6 heures du matin à 8 h. 30 du soir »[1]. A *Châteauneuf*, « il y a un terrain de tennis et un de football. On peut se promener dans un bosquet ombreux et gazonné, mais pendant l'après-midi seulement. Un autre bosquet agréable et ombreux est réservé à la flânerie. On peut dire que c'est un dépôt modèle; l'installation en est admirable à tous points de vue, et les rapports entre les prisonniers et les autorités sont excellents. Il y a une chapelle pour les offices catholiques et les services protestants, un salon avec un piano, un atelier pour ceux qui font de la peinture... »[2]. Visitant à nouveau le fort de *Châteauneuf*, le 13 avril 1916, le délégué de l'ambassade des États-Unis constate que « l'état du camp et des prisonniers est excellent ».

**Alimentation.** — Dans chaque dépôt, une cantine est organisée. Le montant de la pension pour les repas quotidiens ne doit pas en principe dépasser le prix de 2 francs par jour, de sorte que les officiers, leur pension payée, ont largement de quoi satisfaire, avec leur seul traitement, à leurs besoins journaliers. Ils peuvent d'ailleurs acheter des suppléments, à l'exclusion des liqueurs, qui sont interdites. Les prix des aliments, denrées et autres objets vendus dans les cantines doivent être préalablement approuvés par les généraux commandant les régions. La quantité et la qualité de la nourriture n'ont soulevé nulle part, parmi les officiers prisonniers, de réclamations. Plusieurs rapports des délégués neutres — notamment un rapport de M. de Marval sur sa visite au *Puy*, en février 1915 — disent que « la cuisine est excellente »[3].

**Discipline.** — Le Gouvernement français a exigé, de la part des prisonniers, dans leurs rapports avec les officiers français, la plus grande déférence. Aux termes du règlement, « il conviendra de veiller à ce que les officiers allemands observent la plus grande déférence à l'égard de tous les officiers français. Toute attitude hautaine, provocante ou irrespectueuse doit immédiatement faire l'objet d'une sanction »[4]. Certains excès de langage ont amené

---

[1] Rapport de l'ambassade des États-Unis sur la visite de son délégué au dépôt de *Fougères*, le 23 août 1915.

[2] Rapport de l'ambassade des États-Unis sur la visite de ses délégués le 21 août 1915.

[3] Rapport de M. de Marval sur treize dépôts de prisonniers dans les XIII$^e$, XIV$^e$ et XV$^e$ régions, *op. cit.*, p. 56.

[4] Dépêche ministérielle n° 8196 6/10 du 25 mai 1915.

Une chambre d'officier allemand prisonnier au fort de *Barraux* (près Grenoble).

*Régime des prisonniers*, p. 18.

Vue intérieure du dépôt de *Châteauneuf* (Ille-et-Vilaine).

Régime des prisonniers, p. 16.

Les officiers allemands jouant au tambourin (au dépôt de *Fougères*).

Régime des prisonniers p. 13

Un officier allemand en train de peindre (au dépôt de la *Roche-Arnaud*, *Le Puy*).

*Régime des prisonniers, p. 19.*

Femmes d'officiers allemands capturés au Togo causant avec des visiteurs au dépôt de *La Roche-Arnaud* (*Le Puy*).

*Régime des prisonniers*, p. 19.

des sanctions immédiates. Mais l'autorité des camps s'est attachée à éviter tout ce qui pourrait paraître une vexation inutile, tout ce qui froisserait l'amour-propre et la susceptibilité naturellement éveillée des officiers prisonniers. La plus grande liberté compatible avec le maintien de l'ordre et les nécessités de la défense nationale leur est laissée. Les journaux et revues publiés par les pays alliés et neutres leur sont distribués. Ils peuvent, sous condition de l'agrément du commandant du dépôt, se procurer les instruments qu'ils désirent pour leur travail ou leur distraction. Ils circulent librement dans le camp pendant la journée, et ont toute faculté pour prendre l'exercice nécessaire à leur santé. M. l'ambassadeur des États-Unis, dans son rapport sur ses visites du mois d'août 1915, constate que « les autorités françaises sont bonnes et attentives dans les soins donnés aux officiers »[1].

**Mesures de réciprocité.** — Il a été impossible, à raison du traitement infligé d'autre part aux officiers français prisonniers en Allemagne, de laisser subsister le régime précédent dans toutes ses dispositions. Le bénéfice de la mise en liberté sur parole, ayant été refusé par le Gouvernement allemand, a été aboli également en France; cette abolition s'est produite en deux étapes successives. Le Gouvernement s'était borné d'abord à décider que le bénéfice ne serait plus accordé dans l'avenir, tout en le conservant aux officiers prisonniers qui en jouissaient déjà. Mais, à partir du mois de février 1915, la résolution du Gouvernement allemand paraissant définitive, les officiers libres sur parole ont été soumis à l'internement, après avoir été déliés de leur serment. Par réciprocité également, une circulaire ministérielle du 7 décembre 1914 a réduit la solde des officiers prisonniers à 75 et 125 francs par mois, taux équivalent, comme on le verra, à la solde allouée aux officiers français prisonniers en Allemagne. Un an après, au mois de décembre 1915, des propositions ayant été faites par le Gouvernement allemand, en vue de relever, d'un commun accord, la solde des officiers, ont abouti à l'établissement d'un régime moins rigoureux. Les officiers allemands et français touchent aujourd'hui une solde mensuelle égale à la solde d'absence telle qu'elle est fixée pour les officiers français par les règlements en vigueur.

---

[1] Rapport de l'ambassade des États-Unis sur la visite de ses délégués au fort *Barraux*, le 29 août 1915.

## SECTION II.

### LE RÉGIME DES OFFICIERS FRANÇAIS PRISONNIERS EN ALLEMAGNE.

Le refus persistant, de la part du Gouvernement allemand, d'accorder aux officiers prisonniers le bénéfice de la mise en liberté sur parole, la quotité de la solde, très inférieure au taux formellement prescrit par les conventions de La Haye, ont attesté, dès le début, la ferme résolution, chez les autorités allemandes, de soumettre les officiers prisonniers à un régime bien différent de celui dont bénéficiaient leurs nationaux. Ces dispositions malveillantes se traduisaient en outre par une installation souvent défectueuse, une alimentation médiocre, et surtout une discipline tracassière. Les observations des neutres et les mesures de réciprocité auxquelles le Gouvernement français a eu recours ont amené quelques améliorations.

**Solde.** — La solde des officiers prisonniers a été fixée au début de la guerre au taux de 100 marks (125 fr.) par mois pour les officiers supérieurs, 60 marks (75 fr.) pour les officiers subalternes. Cette somme, inférieure de moitié environ à celles allouées, conformément aux conventions de La Haye, aux officiers allemands prisonniers en France, suffit à peine à couvrir les frais d'alimentation. Le prix de pension — pour la nourriture — atteignant presque partout 50 marks, et dépassant parfois ce chiffre — ainsi à *Königstein*, à *Königsbrück* — les officiers au-dessous du grade de capitaine n'ont, s'ils sont dépourvus d'autres ressources, que 6 à 10 marks par mois pour leur habillement et les dépenses journalières !

**Installation.** — Malgré l'exemple donné par le Gouvernement français, les autorités allemandes se sont absolument refusées à faire bénéficier les officiers prisonniers du régime de la liberté sur parole. Les raisons, exposées dans une lettre du commandant d'armes de la place de *Torgau*, von Engelbrecht, adressée au général F..., seraient : le trop grand nombre de prisonniers — les dangers que créerait pour la sécurité des officiers français leur libre circulation en ville, par suite de la fureur des populations — les résultats fâcheux de l'expérience faite en 1870 et pendant la période de paix qui a suivi, comme en témoigne notamment l'évasion du capitaine Lux, — qui n'était pas en liberté sur parole ! — Une raison plus profonde résulte d'un article récent d'une revue militaire allemande : *Jahrbücher für die deutsche Armee*

Le camp d'officiers prisonniers de *Neisse*.

Régime des prisonniers, p. 21.

*und Marine* [1]. L'auteur ayant exposé, avec une érudition toute germanique, que la parole d'honneur n'est plus admise par les usages commerciaux, qu'« en droit elle n'existe presque plus », arrive à cette explication — qui est la vraie : dans une guerre « qui commença par un acte d'infidélité à la parole donnée », il existe une raison de plus pour ne pas accepter cette parole d'honneur qui n'apparaît plus, hélas ! que comme un anachronisme chevaleresque. Mais le lecteur apprendra avec surprise que l'État coupable de cet « acte d'infidélité » c'est... la Russie ! En effet, « le chef d'état-major russe donna, le 29 juillet 1914, à l'attaché militaire allemand, sa parole d'officier que les mesures militaires prises par la Russie ne visaient pas l'Allemagne ». — Il est permis de diviser l'aveu, et de négliger cette allégation gratuite qui n'est qu'une diversion embarrassée. Il ne s'agit pas, ici, de la Russie. Un autre peuple a commencé la guerre, en mentant à sa signature, solennellement donnée. On comprend que ce peuple-là ne sache plus très bien ce qu'est l'honneur et refuse à ses prisonniers la liberté sur parole.

Les officiers sont internés généralement dans des forts ou de vieilles forteresses — ainsi à *Ingolstadt*, à *Glaz*, à *Torgau*, à *Würzburg*, à *Custrin*, à *Celle* — parfois dans des casernes (*Friedberg*, *Heidelberg*, *Magdeburg*) — des arsenaux (*Kœnigstein*) — de vieilles usines désaffectées, ainsi à *Halle*, où les officiers sont logés dans une vieille usine de locomotives. A *Stralsund*, ils sont dans une île. A *Neisse*, ils sont casernés dans des baraques [2].

Les officiers sont loin de pouvoir circuler librement à l'intérieur des dépôts. Les heures de sortie dans la cour ont été, grâce au pouvoir arbitraire des commandants de camps, étroitement restreintes [3]. L'espace laissé aux promenades est extrêmement réduit. « A *Crefeld*, dit le capitaine d'A..., rapatrié, dans une déposition reçue sous la foi du serment, les officiers pouvaient prendre l'air dans une cour ayant à peine 100 mètres de côté. Or nous étions 600 officiers plus 100 ordonnances, le personnel de la cantine et les hommes de garde ! » [4]. Souvent, ces promenades sont rendues pénibles par l'*humidité*, — comme à *Neisse*, où l'eau qui pénètre dans le toit des baraques, simplement fait de planches recouvertes d'une toile goudronnée, transforme

---

[1] *Jahrbücher für die deutsche Armee und Marine* (janvier 1916). « *Officiers prisonniers laissés libres sur parole* », par Everling, docteur en droit.

[2] Ces renseignements sont extraits des rapports de l'ambassade d'Espagne sur les camps précités et des témoignages de rapatriés.

[3] Rapport de l'ambassade d'Espagne sur la visite de ses délégués au camp de *Kœnigstein*, fin octobre 1914.

[4] Rapport du capitaine d'A..., rapatrié de *Crefeld* en février 1915.

la cour en un véritable lac [1], — par le voisinage d'un dépôt d'immondices, — comme à Neisse [2], — d'un puits rempli de matières fécales, qui à *Würzburg*, le jour de la visite des délégués de l'ambassade d'Espagne, bien que soigneusement nettoyé quelques jours auparavant, dégage encore « une odeur désagréable » [3]. Souvent, l'état défectueux des latrines est relevé par les délégués de l'ambassade : ainsi à *Würzburg*, à *Zorndorf* [4].

A l'intérieur des bâtiments, les officiers ont eu souvent à se plaindre de l'obscurité des locaux et de l'espace insuffisant réservé au couchage. Les délégués de l'ambassade d'Espagne ont constaté qu'à *Custrin*, « au fort de *Gorgast* ainsi qu'à celui de *Zorndorf*, les locaux sont des plus sombres; ils ne sont éclairés, à *Zorndorf*, que par des lampes à pétrole » [5]. Les plaintes sont surtout relatives à l'accumulation d'un trop grand nombre de lits, créant une promiscuité gênante et antihygiénique [6]. Le même défaut est relevé par l'ambassade d'Espagne à *Gütersloh*, et, plus récemment, à *Gnadenfrei* [7]. Cette promiscuité est d'autant plus pénible que, loin d'accéder au désir naturel des officiers de se voir grouper par nationalités, les autorités allemandes ont fait en sorte que Russes, Français, Anglais et Belges fussent le plus souvent mêlés les uns aux autres.

**Alimentation.** — Les plaintes très nombreuses qui se sont élevées au sujet du régime de l'alimentation s'expliquent en partie par une monotonie difficilement évitable et par une différence entre le goût français et le goût allemand, dont les autorités des camps se sont toujours refusées à tenir compte. Il est certain que l'abus d'une charcuterie de qualité inférieure, l'absence de tous légumes autres que les pommes de terre constituent des épreuves que les estomacs français supportent plus difficilement. En dehors de là, un coup d'œil jeté sur les menus joints aux rapports de l'ambassade d'Espagne révèle

---

(1) Rapport du lieutenant T..., rapatrié de *Neisse* en juillet 1915.

(2) Même rapport.

(3) Rapport de l'ambassade d'Espagne sur sa visite au camp de *Würzburg*, en juin 1915.

(4) Rapport de l'ambassade d'Espagne sur la visite de ses délégués aux camps de *Wurzburg* (juin 1915) et de *Custrin* (*Zorndorf*) [juin 1915].

(5) Rapport de l'ambassade d'Espagne sur la visite de ses délégués à *Custrin* (fort *Zorndorf*) en juin 1915.

(6) En ce qui touche le camp de *Mayence*, voir le rapport précité du lieutenant T..., rapatrié de *Neisse* en juillet 1915.

(7) Rapport de l'ambassade d'Espagne sur les camps de *Gütersloh* (visite du 25 septembre 1915) et *Gnadenfrei* (5 janvier 1916).

Speisezettel.

| | Essen zu 0,60 M. | Essen zu 1,20 M. |
|---|---|---|
| | Sonntag | den 20. Juni |
| Morgens | Kaffee ohne Zucker | Kaffee Zucker Brot |
| Mittags | Schmorbraten mit Rhabarbern | [illegible]tellen mit Gemüse |
| Abends | Kakao | Brote Mettwurst Kakao |
| | Montag | den 21. Juni |
| Morgens | Kaffee ohne Zucker | Kaffee, Zucker, [illegible] |
| Mittags | Bohnensuppe | Rindfleisch mit Gurken |
| Abends | Thee mit Zucker | Brote mit Käse Thee |
| | Dienstag | den 22. Juni |
| Morgens | Kaffee ohne Zucker | Kaffee, Zucker, Brot |
| Mittags | Deutsche Reissuppe[illegible] | Deutsche Beefsteaks mit Salat |
| Abends | Thee mit Zucker | Brote mit Sülze Thee |
| | Mittwoch | den 23. Juni |
| Morgens | Kaffee ohne Zucker | Kaffee, Zucker, Brot |
| Mittags | Rindsgoulasch mit Kartoffl. | Kalbsbrust Gemüse |
| Abends | Kakao | Brote mit Leberwurst Kakao. |
| | Donnerstag | den 24. Juni |
| Morgens | Kaffee ohne Zucker | Kaffee, Zucker, Brot |
| Mittags | Junger Butterkohl, Kartoff. | Schweinebraten, Rhabarber |
| Abends | Thee mit Zucker | Brote mit gek. Mettwurst Thee |
| | Freitag | den 25. Juni |
| Morgens | Kaffee ohne Zucker | Kaffee, Zucker, Brot. |
| Mittags | Erbsensuppe | Fisch, Butter, Kartoffeln |
| Abends | Thee mit Zucker | Brote mit Käse, Thee |
| | Sonnabend | den 26. Juni |
| Morgens | Kaffee ohne Zucker | Kaffee, Zucker, Brot |
| Mittags | Graupen u. Kartoffeln | Schmorbraten, Maccaroni |
| Abends | Thee mit Zucker | Brot mit Rotwurst, Thee |

Offizier-Gefangenenlager Celle i. H. Schloss.

[illegible]
Hauptmann u. Kommandant
d. Offizier-Gefangenen-Lager
Celle-Schloss

Un menu au camp d'officiers de *Celle-Schloss*.

des défauts manifestes : l'insuffisance du repas du soir, constitué par un peu de thé et 75 grammes de fromage; la ration journalière de pain noir qui fut de 300 grammes et tomba ensuite au-dessous de ce chiffre; la ration de lait, qui est de 60 grammes seulement. — Ce sont des chiffres officiels; mais il faut tenir compte des abus résultant du fait de l'entrepreneur — abus constatés par l'ambassade d'Espagne, notamment à *Gütersloh* (1) — qui devint souvent une exploitation. Voici comment le régime appliqué en fait est décrit par des officiers français rapatriés : « A *Torgau*, dit le capitaine P..., du service de l'état-major, rapatrié en juillet 1915, le menu était le suivant : à 7 heures, chicorée et un morceau de pain; à midi, un petit morceau de viande invariablement bouillie, quelques pommes de terre à l'eau remplacées parfois par du riz et des lentilles; le vendredi, un hareng saur; le soir, à 8 heures, une soupe atroce et un morceau de fromage » (2). — A *Neisse*, d'après le lieutenant T..., rapatrié en juillet, les officiers ont : « le matin, un quart de litre de soi-disant café au lait sans sucre, mais où le café et le lait n'entraient en aucune proportion. Je suppose que ce soi-disant café était fait avec de l'orge grillée ou des glands de chêne; à déjeuner, un seul véritable repas sous les espèces d'un bœuf bouilli coriace baignant dans une sauce raifort que nous appelions sauce omnibus à cause de son universalité; plus des pommes de terre bouillies et non assaisonnées. Rien à boire, il fallait acheter de la bière en supplément. Nous n'avions pas de goûter. Le soir, repas excessivement frugal, fait d'une de ces immondes saucisses allemandes, encore plus mauvaises qu'en temps de paix, et dont l'abus donnait à tous de l'eczéma » (3). « Quant à la nourriture, écrit le capitaine M..., rapatrié du camp de *Halle*, elle était fournie par un cantinier qui nous vendait tout à des prix exorbitants. C'était d'ailleurs exécrable. Le pain était du pain K complètement noir. La viande n'était pas de bonne qualité : elle nous était normalement servie sous forme de boulettes; on nous en donnait rarement des morceaux entiers; et encore remarquâmes-nous qu'il se dégageait de ces morceaux une odeur particulière; et un vétérinaire belge finit par s'apercevoir, en examinant un débris d'os, que c'était de la viande de chien; personne ne voulut plus y toucher » (4).

---

(1) Rapport de l'ambassade d'Espagne sur la visite de son délégué à *Gütersloh*, le 25 novembre 1915.

(2) Rapport du capitaine P..., rapatrié de *Torgau* en juillet 1915.

(3) Rapport précité du lieutenant T..., rapatrié de *Neisse* en juillet 1915.

(4) Rapport du capitaine M..., rapatrié en février 1916.

**Discipline.** — En dépit des inconvénients signalés, il ressort de l'ensemble des témoignages que les pires souffrances imposées aux officiers français prisonniers en Allemagne ont été d'ordre moral. C'est dans un milieu violemment hostile que les officiers capturés au début de la guerre qui furent internés à *Halle*, à *Ingolstadt*, à *Torgau*, se voyaient brutalement introduits. Néanmoins, il était permis de penser que leur malheur, les égards dus à leur grade qui, dans l'organisation sociale actuelle de l'Allemagne, jouit d'un prestige plus grand peut-être que partout ailleurs, seraient pour eux la cause de quelques ménagements. La lecture des rapports de rapatriés ôte toute illusion à ce sujet. A *Halle*, les officiers français sont exposés à la curiosité malveillante d'un nombreux public qui les examine des maisons voisines à l'aide de jumelles. A *Gütersloh*, le 17 février 1915, voyant arriver des officiers français venant de Torgau, le lieutenant-colonel von Groehen s'écrie : « Les voilà, ces voyous d'officiers de la République ! » [1].

Puis, c'est l'oppression d'une surveillance tyrannique que caractérisent bien des règlements officiels affichés à *Ingolstadt*, à *Osnabrück*, à *Magdebourg*, et dont le texte littéral a été rapporté par des rapatriés : « Les prisonniers doivent rentrer dans leurs casernements après les appels de 11 heures et 4 heures. *Il sera tiré sur quiconque se promènera en dehors des heures permises* » [2]. « Quiconque aura détérioré volontairement le fil de fer ou sera trouvé dans le jardin entre la caserne et le mur qui entoure la caserne sera fusillé » [3]. « Tout officier qui tentera de fuir sera fusillé » [4]. « Tous les factionnaires ont ordre de tirer sans appel préalable sur tout prisonnier qui *chercherait* à s'évader. . . » [5]. Dans certains camps, les officiers sont enfermés à clef, la nuit, dans leurs chambres. A *Torgau*, on a fait mieux : « Pour nous vexer, on nous fait garder la nuit par des chiens de police, de sorte que si l'on doit aller aux cabinets la nuit, les chiens ont la facilité d'exercer leurs mâchoires » [6].

Puis, c'est la répétition inutile des formalités humiliantes : les *appels* où

---

(1) Rapport de l'officier d'administration de 2e classe du Service de santé C. Jean, de la 1re région, rapatrié en juillet 1915.

(2) Ordre de la Kommandantur d'*Ingolstadt* du 16 décembre 1914.

(3) Camp d'officiers prisonniers d'*Osnabrück* (Hanovre). Règlement signé à *Osnabrück* le 16 février 1915 par le commandant du dépôt, Duncker, capitaine.

(4) *Osnabrück*. Même règlement.

(5) Avis aux officiers prisonniers belges et français signé par la Kommandantur du camp de *Magdeburg* le 15 mai 1915.

(6) Rapport adressé à M. le Ministre de la Guerre par M. M..., officier d'administration de 2e classe de réserve du Service de santé du 17e corps, rapatrié en juillet 1915.

l'on doit se rendre sur un coup de sifflet, sans distinction de grade, quatre ou cinq fois par jour; les *fouilles* policières, où l'on ne respecte ni les convenances, ni la propriété privée des officiers. A *Torgau*, « le 10 décembre au matin, des sentinelles pénètrent dans nos logements. On nous fouille comme des voleurs; on nous prend notre argent, que nous pourrons retirer dans l'avenir, nous dit-on. On tolère aux capitaines et officiers supérieurs 100 marks, aux lieutenants 10 marks. Certains sont déshabillés complètement, parmi lesquels le colonel du 145e. On nous enlève ce que nous avons comme tabac, cigares, cigarettes, chocolat. . . . » [1]. C'est l'obligation, offensante pour les officiers français prisonniers, de saluer, dans certains camps, les sous-officiers et hommes de garde. . . .

Certains commandants de camp ont, par leur manque de tact, leur grossièreté, rendu plus pénible encore la situation des officiers. A *Ingolstadt*, au fort IX, d'après le délégué de l'ambassade d'Espagne, « toutes les apparences donnent à penser que le commandant abuse de son pouvoir, et que, loin d'éviter de blesser la dignité des officiers, il se plaît à les exciter » [2]. A *Mayence*, quand le délégué de l'ambassade visite le camp, « un fait grave est référé par un capitaine français à haute voix et sans être démenti : le 31 octobre, un des officiers supérieurs allemands a donné lecture devant les prisonniers assemblés à cet effet du rapport de médecins militaires allemands libérés, contenant des appréciations offensantes pour les officiers français en général; et, cette lecture ayant été accueillie par des murmures, la garde fut appelée » [3]. On voudrait pouvoir dire que ce fut un cas isolé. Mais un fait identique est signalé, à *Magdebourg*, par l'ambassade d'Espagne : « Le délégué a entendu le récit de fouilles pratiquées sur les personnes des officiers, non par des militaires, mais par des policiers; et il a été informé de lectures faites aux prisonniers assemblés de rapports de sous-officiers allemands rentrés de France, et qui contenaient des appréciations désobligeantes pour le Gouvernement français, lectures dont l'utilité échappe à l'ambassade » [4].

Comment s'associer dès lors à l'appréciation indulgente de M. Eugster, lorsque ayant constaté, lors de sa visite à *Ingolstadt*, le 17 janvier 1915, la tension qui existe entre les prisonniers et leurs gardiens, il l'attribue, pour une part, à « la souffrance psychologique causée par l'inaction » ? Comment ne

---

(1) Même rapport.

(2) Rapport de l'ambassade d'Espagne sur la visite de son délégué en février 1915.

(3) Rapport de l'ambassade d'Espagne sur le camp de *Mayence* (visite du 3 mars 1915).

(4) Rapport de l'ambassade d'Espagne sur le camp de *Magdebourg* (visite du mois de mai 1915).

pas être ému au contact de la douleur concentrée, de la rage impuissante qui vibre dans cette lettre d'un jeune officier de ce camp : « Ces jours derniers, un matin à 5 heures, nos geôliers sont entrés baïonnette au canon. On nous a fouillés, mis nus comme des assassins. Puis, demi-vêtus, on nous a enfermés dans un réduit sans feu ni lumière, par un froid rigoureux, et laissés ainsi sans nourriture jusqu'au soir 5 heures. Impossible de s'asseoir. Nous tombions de fatigue, d'épuisement. Pendant ce temps, ils fouillaient, bouleversaient, arrachaient de nos paquetages lettres, papiers, photos et l'or en notre possession... Et ne pouvoir rien dire, rien faire... C'est atroce !... »[1].

**La situation actuelle des officiers.** — A la suite des protestations formulés par le Gouvernement français et des observations de l'ambassade d'Espagne, des tempéraments ont été apportés à l'application des mesures qui précèdent. Le remplacement de certains commandants de camps, par exemple à *Mayence*, a contribué à améliorer les rapports des officiers prisonniers avec les autorités allemandes. A *Neisse*, un rapport de l'ambassade d'Espagne sur la visite de son délégué le 3 décembre 1915 dit que, « grâce aux communications officieuses de l'ambassade royale d'Espagne au Ministère de la Guerre et officielles au Département impérial des Affaires étrangères, l'état de choses à *Neisse* a changé radicalement ». Dans quelques dépôts, la substitution de la régie au système de l'entreprise a déterminé quelque amélioration de la nourriture, encore bien insuffisante. Enfin l'accord intervenu en décembre 1915 entre les Gouvernements a rendu tolérable la situation financière des officiers. Ceux-ci ont droit à la solde d'absence telle qu'elle est fixée pour les officiers par les règlements en vigueur en France. Les retenues pour le logement et la nourriture ne doivent pas dépasser la moitié de la solde.

Dans le courant de 1916, la politique de « représailles », dont le but est d'exercer sur l'opinion publique en France une influence déprimante, a déterminé de soudaines aggravations. Des accusations vagues, qu'aucune communication officielle n'essaie même de justifier, au sujet du régime de certains dépôts d'officiers prisonniers en France, ont servi de prétexte à d'odieuses vexations. En mai et juin 1916, plusieurs camps d'officiers, notamment ceux de *Vöhrenbach, Halle, Neisse, Beeskow*, ont été privés de tous les éléments nécessaires au confort, à l'hygiène, à la propreté des officiers. Le régime, qu'on a vu si défectueux, du camp de *Halle* a été aggravé par l'entassement

[1] Lettre d'un officier interné au camp d'*Ingolstadt*, communiquée le 26 avril 1915 à M. le Ministre de la Guerre.

de 50 officiers dans une pièce unique, sans aération, par la suppression des lavabos... A *Vöhrenbach*, les officiers couchent sur des paillasses jetées à terre, dans la pièce qui leur sert à la fois de dortoir, de réfectoire et de lieu de réunion; toutes distractions sont interdites, et la correspondance est réduite aux cartes postales. Le 23 juin 1916, le camp de *Neisse*, transformé à nouveau, est visité par le délégué de l'ambassade d'Espagne. Les officiers, dit-il, ont d'abord été logés au fort III au nombre de 50 par casemate; en l'absence de porte-manteaux, d'armoires, des couchettes à deux étages, avec paillasses rembourrées de copeaux de bois et un banc, composaient tout l'ameublement. Au fort I, où ils ont été transférés ensuite, l'accès des salles de bains leur est interdit. « L'eau potable a un goût très désagréable. Les officiers sont couverts de piqûres de moustiques ou autres insectes qui les empêchent de dormir. Nombreux sont ceux qui souffrent encore des blessures reçues sur le champ de bataille. »

Même si l'on fait la part de ces cas spéciaux d'aggravation, le sort des officiers français reste très inférieur, dans son ensemble, à celui dont bénéficient les officiers allemands prisonniers en France.

# CHAPITRE III.

## L'ENTRETIEN DES PRISONNIERS.

*Règlement de la Haye du 18 octobre 1907.* — Art. 7. *Le gouvernement au pouvoir duquel se trouvent les prisonniers de guerre est chargé de leur entretien.*

*À défaut d'une entente spéciale entre les belligérants, les prisonniers de guerre seront traités, pour la nourriture, le couchage et l'habillement, sur le même pied que les troupes du gouvernement qui les aura capturés.*

Le principe capital énoncé dans cet article est celui de l'assimilation des prisonniers, sous le rapport de l'entretien, aux troupes du gouvernement qui les aura capturés. Il suit de là que les prisonniers doivent être logés dans des bâtiments offrant le même confort que les casernes; qu'ils ont droit à la même nourriture que les soldats appartenant à l'armée de l'État capteur; enfin que cet État assume la charge de leur habillement. Il convient de rechercher dans quelle mesure — au triple point de vue du logement, de l'alimentation, de l'habillement, — les Gouvernements français et allemand se sont acquittés de leurs obligations internationales.

## SECTION I.

### LE LOGEMENT.

#### § 1. — Les prisonniers allemands en France.

**Les bâtiments.** — Au début de la guerre, les prisonniers allemands ont tous été logés dans des casernes affectées jusque-là au logement des soldats français. Au fur et à mesure que leur nombre s'augmentait, des baraquements ont été construits pour suppléer à l'insuffisance des bâtiments. Ce n'est que tout à fait exceptionnellement, et presque exclusivement dans l'Afrique du Nord et au Maroc, que les prisonniers ont été abrités sous des tentes.

Dépôt de *Romans* (Drôme) : la cour.

*Régime des prisonniers*, p. 29.

Un coin de chambrée au *Fort du Mûrier* (près de Grenoble).

*Régime des prisonniers*, p. 99.

**Le logement dans les casernes.** — Les délégués de l'ambassade des État-Unis et de la Croix-Rouge ont tous constaté le confort des casernes, qui sont choisies parmi les meilleures. C'est ainsi qu'à *Poitiers* « les prisonniers couchent dans des dortoirs normalement occupés auparavant par les troupes françaises, situés dans des locaux construits en briques et bien aérés. La cour est très grande, et ombragée sur un côté par des arbres »[1]. A *Barcelonnette*, « les hommes sont cantonnés dans la plus belle des casernes que nous ayons encore vue en France. Cette caserne fut construite en 1913. Les hommes couchent dans les chambres réglementaires, précédemment affectées aux soldats français. Les aménagements d'hygiène sont tout à fait excellents . . . on pourrait presque dire luxueux »[2]. Un des camps les plus importants, et celui au surplus au sujet duquel le Gouvernement allemand a, à maintes reprises, élevé des critiques, celui de *Coetquidan*, est jugé de la façon suivante par l'ambassadeur des États-Unis dans un rapport sur sa visite du 8 août 1915 : « Le camp est très bien organisé et pourvu de toutes choses, et atteint un haut degré de perfection ».

**Constructions nouvelles.** — Lorsqu'il a fallu affecter aux prisonniers devenus trop nombreux des bâtiments nouveaux, toutes mesures ont été prises pour sauvegarder le plus complètement possible la santé des prisonniers. Une circulaire du 27 novembre 1914 recommande aux commandants des camps de « veiller à ce que les prisonniers ne soient pas logés dans des salles humides ou obscures, ou dans des hangars qui ne seraient pas à l'abri des intempéries. L'hygiène doit être en tout temps et convenablement assurée »[3]. Une circulaire postérieure[4] veut que les nouveaux centres d'internement soient situés « à une altitude moyenne » . . . « sur un terrain sain, à pentes assez accentuées pour que l'écoulement des eaux se fasse facilement ». Il s'agit quelquefois de baraquements nouveaux, plus souvent de bâtiments existants et dépendants d'usines, de couvents désaffectés, comme à *Cervione* (Corse), de fermes, où de petits groupes de prisonniers disposent, pour leur couchage, de toute la place nécessaire. Dans les dépôts qu'il visite le 15 août 1915, M. l'ambassadeur des États-Unis constate que les couchettes

---

[1] Rapport du délégué de l'ambassade des États-Unis sur la visite de ses délégués au dépôt de *Poitiers* le 10 août 1915.

[2] Rapport de l'ambassade des États-Unis sur la visite de ses délégués au dépôt de *Barcelonnette*, le 10 septembre 1915.

[3] Circulaire ministérielle du 27 novembre 1914 (n° 1416 6/10).

[4] Circulaire ministérielle du 23 décembre 1914 (n° 2081 6/10).

sont élevées de plusieurs pieds au-dessus du sol sur des montants en bois, et séparées par un intervalle d'environ un mètre, ce qui laisse la place pour mettre de petites tables... Cette organisation, conclut-il, semble au total excellente de tous points »[1].

La visite de ses délégués dans les dépôts de Bretagne, au mois d'avril 1916, ne laisse pas une impression moins favorable. Ainsi, le dépôt *Kerorion*, à Brest, est « un camp de prisonniers modèle. Les baraquements sont bien construits, propres, bien entretenus, et tout y est de première qualité à tous les points de vue. Tout ce qui peut être utile au confort et au bien-être des prisonniers y existe... Le camp mérite de chaleureux éloges à tous les points de vue ».

**Le logement dans l'Afrique du Nord.** — Dans l'Afrique du Nord (Algérie, Tunisie, Maroc) le mode d'emploi de la main-d'œuvre des prisonniers a imposé une organisation différente. Les dépôts sont établis dans la partie la plus saine de ces colonies. Au Maroc, tous les camps sont situés en dehors des régions marécageuses, qu'on rencontre plus spécialement au nord de Rabat[2]. Pour permettre le déplacement des chantiers, les prisonniers sont logés quelquefois dans des *tentes*, du modèle réglementaire dans l'armée française. A la suite de sa visite aux camps du Maroc, en avril-mai 1915, M. de Marval a constaté que l'organisation des dépôts, dans cette région, ne le cède en rien à celle de la métropole.

## § 2. — Les prisonniers français en Allemagne.

Aux mois de septembre et d'octobre 1914, les premiers succès de l'offensive allemande firent affluer dans les dépôts un très grand nombre de prisonniers. Le plus souvent, rien n'était prêt pour les recevoir. Qu'on juge du sort de malheureux qui, internés en masse sur de vastes terrains nus, exposés aux premières intempéries de l'hiver, furent réduits à se creuser des terriers dans la terre, ou à se construire des cabanes avec de la boue! Les premières souffrances de la captivité furent terribles.

---

[1] Rapport de l'ambassade des États-Unis sur la visite de ses délégués au dépôt de l'*Île-Longue*, le 15 août 1915.

[2] Rapport de M. de Marval sur sa visite aux dépôts de prisonniers de guerre allemands au Maroc, avril-mai 1915, *op. cit.*, 3e série, p. 8.

Blick in das verschneite Gefangenenlager Wünsdorf bei Zossen mit den Höhlenbauten der Turkos und Zuaven.
Originalzeichnung für „Die Wochenschau" von Bruno Bielefeld.

Le camp de *Zossen-Wünsdorf* en hiver, d'après le dessin d'un journal allemand, la *Wochenschau*.

*Régime des prisonniers*, p. 31.

Le camp de *Münster Haus-Spital* pendant l'hiver 1914-1915 : les tentes.

*Régime des prisonniers*, p. 31.

Le camp de *Münster Haus-Spital* pendant l'hiver 1914-1915 : les tentes.

Régime des prisonniers, p. 31.

Le camp de *Munster Haus-Spital* pendant l'hiver 1914-1915 : les fils barbelés.

**Le logement sous les tentes.** — Des tentes s'élevèrent, généralement construites de la main des prisonniers. M. Polo de Barnabé, ambassadeur d'Espagne, visite dans ces conditions le camp de *Zossen*, au mois de novembre 1914. Il constate que l'installation sous les tentes est fort défectueuse, que la température est basse, que les hommes, étendus sur une couche de paille insuffisamment renouvelée, souffrent de l'humidité et du froid. On lui dit que cette installation n'est que provisoire.

**Le logement dans les baraques. — L'aspect d'un camp.** — En effet, à partir du mois de décembre 1914 environ, les tentes sont remplacées par des baraquements en bois : ce sera le régime définitif — et l'on peut ajouter, en faisant la part de cas très rares où les prisonniers sont enfermés dans des casernes, de vieilles usines, parfois des prisons, — le régime uniforme des camps allemands. L'unité est la *baraque*, où sont entassés en moyenne 350 hommes. Les couchettes, composées d'une paillasse pas toujours très rembourrée, parfois de paille, plus souvent de fins copeaux de bois, et d'une ou deux couvertures, sont étendues sur le plancher la nuit, et repliées le jour, ou bien parquées au moyen de planches fixes et superposées en étages, ce qui ne laisse qu'un étroit passage à la circulation. Chaque groupe de quatre ou cinq baraques est le siège, suivant les effectifs, d'une « compagnie » ou d'un « bataillon » de prisonniers, commandé par un sous-officier allemand, sous les ordres de qui sont placés les chefs de baraques — en général des sous-officiers français. Il est séparé des groupes voisins par une enceinte de fils de fer barbelés. Même, à *Wittenberg*, chaque baraque est isolée, séparée des autres par une barrière de fils de fer barbelés[1]. Les bâtiments annexes sont les cuisines, les bains et douches, le lazaret et les baraques d'isolation. Le camp, qui peut contenir jusqu'à 25 ou 30,000 hommes, est séparé de l'extérieur par une triple enceinte de fils de fer barbelés (le fil moyen étant traversé par un courant électrique à haute tension), des fossés et des remblais. Pour réprimer les tentatives d'émeutes, des canons placés aux extrémités du camp prendront les baraques en enfilade, tandis que des mitrailleuses balaieront les avenues.

**Défauts d'installation.** — L'*entassement* des prisonniers dans des baraquements dont le cubage officiellement prévu est de 8 mètres cubes, mais n'excède pas en réalité 5 mètres cubes par homme; l'*humidité* imputable à

---

[1] Rapport du Comité international de la Croix-Rouge sur la visite de ses délégués dans quelques camps allemands, au mois d'avril 1916.

la nature du terrain qui n'est pas empierré, ou qui est en pente, et aux planches des baraques dont le bois vert, en se desséchant, laisse des interstices par où s'infiltre l'eau de pluie; les *mauvaises odeurs* se dégageant des tranchées-latrines et des égouts collecteurs : voilà le sujet des plaintes navrantes que les délégués de l'ambassade d'Espagne ont recueillies partout, à *Bautzen, Eglosheim, Holzminden, Ludwigsburg, Nuremberg, Ohrdruf*, et, plus récemment, à *Eschenhof, Laufen, Döberitz, Heuberg*, dont, souvent, ils ont dû reconnaître le bien-fondé[1]. Mais il y a quelque chose de plus douloureux peut-être — et qui engage plus lourdement la responsabilité des autorités allemandes — dans la *promiscuité* qu'au mépris des convenances, de l'hygiène, de la morale, elles ont imposée aux prisonniers. On n'a pas seulement mêlé des hommes de nationalités différentes, alors qu'on savait — comme il sera démontré plus loin — que ce mélange dans certaines conditions était contraire aux prescriptions les plus élémentaires de l'hygiène et qu'il pouvait entraîner d'effroyables épidémies. On n'a pas seulement — à Sennelager — obligé des civils, tels que M. M..., ingénieur en chef des mines de *Liévin*, M. van de V..., sénateur belge de Courtrai, âgé de 72 ans, des prêtres, des instituteurs, un enfant de 13 ans, à subir le contact de malfaiteurs extraits de la prison de Loos (près Lille). On a forcé à vivre ensemble, dans un entassement immonde, dont certaines photographies donnent l'idée, des femmes, des enfants, des vieillards, qu'au mépris des conventions internationales on avait arrachés à leurs foyers, et qui étaient dénués de tout... Cela s'est vu à *Holzminden, Merseburg, Rastatt, Sennelager*[2]. Et voici, dans sa simplicité et son douloureux réalisme, le tableau qu'en trace un soldat, qui s'est évadé depuis. C'est à *Holzminden*, au mois de décembre 1914 : « Des femmes enceintes étaient pêle-mêle avec des enfants; plusieurs accouchaient sur des lits au premier étage, tandis que des hommes de corvée portaient le charbon employé au chauffage de leur baraque. C'était naturel comme chez les bêtes; on ne pouvait pas avoir de pudeur... »

**Quelques améliorations.** — Quelques améliorations, qu'ont amenées des interventions persévérantes, ne feront pas oublier ces épisodes douloureux de l'internement en Allemagne. On a diminué l'humidité de certains camps par

---

(1) Voir, en particulier, le rapport de l'ambassade d'Espagne sur ses visites des 5 au 22 mai 1915, et, plus récemment, du 11 au 19 mars 1916.

(2) Ces renseignements sont extraits de nombreux comptes rendus d'interrogatoires des grands blessés rapatriés en mars et juillet 1915.

L'intérieur d'une chambrée au camp de civils de *Havelberg*.

Régime des prisonniers, p. 32.

Bastion, logement des prisonniers à *Rastatt*.

des travaux d'empierrement, la construction de doubles parois dans les baraques, de plafonds au-dessous des toits, l'intercalation d'isolateurs entre les paillasses et le plancher. On a surtout aménagé des installations luxueuses de bains-douches, de salles de concert qui confirment pour des esprits inattentifs ou prévenus une très haute idée de l'« organisation » allemande, mais dont les prisonniers profitent peu, tandis qu'ils souffrent de locaux honteux qui ont subsisté, comme les caponnières de *Rastatt* [1]. Ce qui se dégage d'un regard d'ensemble sur l'organisation « colossale » des « Gefangenenlagers » allemands — comme l'a dit M. de Marval dans une conférence récente rapportée par le *Démocrate de Délémont* [2], c'est l'impression d'une monotonie voulue, qui rend plus amer, chez tous ces hommes entassés par milliers, mais dont chacun n'est qu'un numéro, le sentiment de la solitude.

## SECTION II.

### L'ALIMENTATION.

#### § 1. — Les prisonniers allemands en France.

**L'alimentation des prisonniers dans les premiers mois de la guerre.** — Les prisonniers allemands recevaient au début de la guerre, conformément aux conventions internationales, la même nourriture, les mêmes rations de viande, de pain et de légumes que les soldats français. Les visiteurs rendent hommage à la qualité et à la quantité suffisante de cette alimentation. Ainsi, M. de Marval parcourant, au mois de janvier 1915, 17 dépôts de prisonniers allemands (en Bretagne, Vendée et Touraine), constate que la « nourriture est bien apprêtée, souvent très uniforme, mais suffisante » [3]. Dans les dépôts visités par lui en février, la nourriture qu'il a goûtée toutes les fois

[1] Rapport de M. le Commissaire spécial d'*Annemasse* au sujet du traitement des prisonniers à *Rastatt*, d'après les témoignages des rapatriés, transmis par le général Meunier, gouverneur militaire de Lyon, à M. le Ministre de la Guerre, le 11 mars 1915. Voir surtout le Rapport du Comité international de la Croix-Rouge sur la visite de ses délégués dans quelques camps allemands, au mois d'avril 1916.

[2] Le *Démocrate* de Délémont (n° du 13 janvier 1916).

[3] Rapport de M. de Marval sur sa visite aux dépôts de prisonniers de guerre allemands dans les IX$^e$, X$^e$ et XI$^e$ régions, en janvier 1915, *op. cit.*, 1$^{re}$ série, p. 34.

qu'il arrivait à l'heure d'un repas, « lui a toujours paru bonne » [1]. De même, en Algérie et Tunisie, au mois de février 1915, « la nourriture est la même partout, bien apprêtée par des hommes de cuisine allemands, suffisante et appétissante » [2].

**Mesures de réciprocité.** — Déjà, cependant, une modification s'était produite. Aussitôt, en effet, que fut connue avec certitude l'insuffisance de la nourriture donnée aux prisonniers français en Allemagne, une protestation officielle au Gouvernement allemand fit savoir que si, dans un délai de quinzaine, il n'était pas fait droit à la réclamation, le Gouvernement français devrait se résoudre à suspendre l'application d'un régime jusque-là consenti par humanité et par respect des conventions internationales. C'est ainsi que la ration quotidienne de viande a été successivement réduite de 350 à 250 grammes, puis, à partir du 7 janvier 1915, à 125 grammes; elle était maintenue toutefois à 250 grammes pour les travailleurs, dont on voulait obtenir un meilleur rendement, et pour les blessés hospitalisés, à la demande même du Service de santé. Dans la suite, les témoignages unanimes des rapatriés, les documents communiqués par le Gouvernement impérial lui-même ayant établi que le régime alimentaire des prisonniers dans l'Empire allemand restait sensiblement inférieur à ce qu'il était en France, une nouvelle aggravation de ce dernier, sur la base d'une exacte réciprocité, a dû être introduite. Il fut établi, par décision ministérielle du 3 décembre 1915 [3], que les prisonniers allemands ne toucheraient plus que 300 grammes de pain par jour au lieu de 700 grammes; qu'en fait de viande, ils obtiendraient seulement, à trois repas par semaine, une portion de viande de 120 grammes; que 100 grammes de charcuterie leur seraient en outre distribués à un repas par semaine. Cette diminution de viande était compensée par une augmentation de la quantité des autres aliments (haricots, pommes de terre, etc.) représentant une valeur nutritive équivalente. Pour assurer l'exacte application du nouveau régime, des menus types des camps de prisonniers français en Allemagne, communiqués par l'ambassade d'Espagne à Berlin, ont été notifiés, à titre de modèles, aux commandants des dépôts de prisonniers allemands en

---

[1] Rapport de M. de Marval sur sa visite aux dépôts de prisonniers dans les XIII^e^, XIV^e^ et XV^e^ régions, en février 1915, *op. cit.*, 1^re^ série, p. 48.

[2] Rapport de M. de Marval sur sa visite aux dépôts de prisonniers de guerre en *Algérie* et *Tunisie*, *op. cit.*, 2^e^ série, p. 9.

[3] Circulaire ministérielle du 3 décembre 1915 (n° 2331o 6/10).

La cour au dépôt de *Romans* (Drôme).

La cantine à *Coëtquidan* (Ille-et-Vilaine).

*Régime des prisonniers*, p. 35.

France. Il demeure constant que ce nouveau régime n'est applicable qu'aux prisonniers retenus à l'intérieur des dépôts, et non occupés à des travaux extérieurs; les malades et blessés continuent à jouir du traitement antérieur. Les prisonniers travailleurs bénéficient encore d'un régime moins rigoureux. Leur alimentation comprend, par semaine, deux rations de viande fraîche, de 120 grammes; une ration de 120 grammes de salaison, et 250 grammes d'aliments carnés (viande, saucisse, boudin, etc.); la ration de pain, qui a été élevée depuis, était de 400 grammes [1].

Les rapports des visiteurs officiels témoignent de la bonne qualité de la nourriture. C'est ainsi que dans les rapports de l'ambassade des États-Unis la cuisine est jugée « de bonne qualité » au dépôt de *Tours* [2], « très bonne » à *Poitiers* [3], « excellente » à *Castelnaudary* [4].

**L'alimentation actuelle des prisonniers.** — On remarquera que cette aggravation progressive est due uniquement au mauvais vouloir persistant des autorités allemandes, et que le Gouvernement français s'y est résolu à regret, après bien des protestations demeurées infructueuses. On remarquera que le régime scrupuleusement suivi à l'égard des prisonniers allemands est calqué sur les menus officiels délivrés dans les camps allemands, où la ration réelle est souvent inférieure, comme on le verra, à la ration théorique. On remarquera enfin que la diminution de la ration de viande est toujours compensée par une augmentation proportionnelle de la part de légumes, de telle sorte que plusieurs prisonniers ont déclaré, dans des lettres écrites à leurs familles, n'avoir pas souffert du changement.

Au reste, une amélioration importante s'est produite récemment dans le régime alimentaire des prisonniers allemands en France. A la suite de négociations laborieuses engagées aux mois d'avril et de mai 1916 entre les gouvernements, en vue d'assurer aux prisonniers français la distribution d'un minimum de nourriture, et surtout de faciliter leur ravitaillement qui rencontrait, comme on verra, de continuels obstacles, le Gouvernement français a consenti à relever jusqu'à 600 grammes la ration quotidienne de pain des prisonniers allemands, travailleurs ou non travailleurs.

---

[1] Dépêche ministérielle du 2 février 1916 (n° 28168 6/10).

[2] Rapport de l'ambassade des États-Unis sur le dépôt de *Tours* (visite du 9 août 1915).

[3] Rapport de l'ambassade des États-Unis sur le dépôt de *Poitiers* (visite du 9 août 1915).

[4] Rapport de l'ambassade des États-Unis sur le dépôt de *Castelnaudary*, en octobre 1915.

## § 2. — Les prisonniers français en Allemagne.

**Les plaintes des prisonniers.** — Le cri qui s'élève de tous les camps de prisonniers en Allemagne est celui de la faim inapaisée. Timidement exprimé d'abord dans les lettres des prisonniers, ce cri s'est fait entendre avec plus de force et a suscité en France une émotion légitime lors des rapatriements de mars 1915. Il a retenti aux oreilles de tous les visiteurs des camps allemands. Ainsi le docteur Keller-Huguenin, de Zurich, germanophile notoire, raconte, dans un article de la *Neue Zürcher Zeitung* [1], une visite qu'il a faite au camp de *Döberitz*. Il arrive à la baraque où sont les Français : « A peine ai-je adressé au premier quelques mots de sa langue maternelle, que je suis entouré d'un cercle de soldats de toutes armes, fantassins, chasseurs à pied et infanterie de marine. J'aperçois, au-dessus d'eux, des têtes étonnées de Russes immenses qui nous regardent. Mais bientôt, la tête me tourne : quelles lamentations ! Ils ont tous faim, ils sont sur le point de mourir. . . » Mais ce tableau n'inspire au docteur Keller qu'une indifférence ironique. En effet, le peuple français est pour lui un peuple « gâté par la démagogie, habitué à voir ses souffrances, grandes ou petites, énormément grossies dans la presse et le Parlement, un peuple chez qui, pendant des années, on n'a cultivé que la conscience de ses droits et la convoitise, sans jamais lui parler du devoir et de la volonté ». M. Eugster, visitant, au mois de janvier 1915, une dizaine de camps allemands, n'avait-il pas jugé que la nourriture, qu'il a goûtée « pour ainsi dire partout, *peut être considérée* comme bonne et suffisante », « qu'il *y a des différences,* mais qu'on ne peut les éviter, quand il s'agit de nourrir 600,000 hommes de nationalités et de races différentes, de provenances sociales si diverses », et qu'en définitive « la bonne mine et l'état de santé des prisonniers prouvent que *l'on peut très bien vivre* de cette nourriture » [2].

**Existe-t-il une « question de la nourriture ? »** — Bientôt, ses appréciations se modifient. Dans son rapport du mois de mai 1915 sur sa visite à 19 dépôts de prisonniers de guerre en Allemagne, du 22 février au 11 mars 1915, M. Eugster estime qu'il existe « *une question de la nourriture* ». Il est hors de doute que la question de la nourriture est le point le plus délicat et le plus

---

[1] *Neue Zürcher Zeitung*, n° du 18 avril 1915.

[2] Rapport de M. le conseiller A. Eugster sur sa visite à dix dépôts de prisonniers de guerre français en Allemagne, du 4 au 14 janvier 1915. Résumé et désidérata. *Op. cit.*, 1re série, p. 86.

difficile à régler dans le traitement des prisonniers en Allemagne. La situation a empiré partout, la ration journalière de pain ayant été abaissée de 500 à 300 grammes. « Il est vrai que cette diminution a été compensée par une augmentation de la ration de pommes de terre »[1]. Dans leur rapport du mois de juin sur leurs visites faites en commun du 13 au 22 mai 1915, MM. Eugster et de Marval confirment que « la question angoissante de l'alimentation reste à l'étude dans plusieurs sphères gouvernementales et n'a point encore trouvé jusqu'ici de solution satisfaisante »[2]. Les rapports de l'ambassade d'Espagne ne sont pas moins sombres. Bien au contraire, au mois de mai, « le délégué de l'ambassade d'Espagne s'est parfaitement trouvé d'accord avec ceux de la Croix-Rouge de Genève pour reconnaître que les aliments donnés aux prisonniers dans les huit camps visités étaient toujours en quantités insuffisantes, inférieures à celles indiquées dans les règlements et qui devraient être en vigueur, et que leur qualité même, surtout en ce qui a rapport aux pommes de terre et autres légumes, laisse parfois sensiblement à désirer »[3].

**La « ration théorique » du prisonnier français en Allemagne.** — En réponse aux protestations réitérées du Gouvernement français, l'autorité allemande avait, en effet, dans un *règlement officiel du 24 avril 1915*, énoncé les principes qui devaient constituer, dans l'avenir, le régime de l'alimentation. Après avoir préconisé certaines réformes heureuses, notamment l'abandon du système de l'entreprise, dont les abus étaient manifestes, ce règlement prescrit les quantités suivantes : « D'après les proportions établies pour l'alimentation, tout prisonnier civil ou militaire doit recevoir chaque jour une moyenne de matières nutritives assimilables contenant 85 grammes d'albumine, 40 grammes de graisse et 475 grammes d'hydrates de carbone, soit en tout 2,700 calories ». Le règlement détermine la quantité de viande, qui sera de 90 à 120 grammes par jour, pouvant être remplacés par 150 ou 200 grammes de poisson, ou 150 grammes de féverolles; la quantité de légumes verts ou pommes de terre, qui sera de 500 grammes au repas de midi et au

---

[1] Rapport de M. A. Eugster sur sa visite à dix-neuf dépôts de prisonniers de guerre français en Allemagne, du 22 février au 11 mars 1915, *op. cit.*, 2e série, p. 39.

[2] Rapport de MM. Eugster et de Marval sur leurs visites communes des onze dépôts de prisonniers en Allemagne, du 13 au 22 mai 1915., *op. cit.*, 3e série, p. 27.

[3] Rapport de l'ambassade d'Espagne sur les visites de ses délégués aux camps de *Amberg, Bautzen, Bishofswerda, Egloshcim bei Ludwigsburg, Hohen-Asperg, Nuremberg, Stuttgar*, au mois de mai 1915.

repas du soir. Dans les observations qu'il a présentées sur ce règlement [1], le Service de santé français objecte que, si la base théorique de 2,700 calories est acceptable pour des hommes qui ne travaillent pas, la proportion d'éléments nutritifs (albumine, graisse, hydrocarbones) prête à la critique en ce qui concerne le taux de l'albumine, fixé à 85 grammes. La ration allemande donne surtout de l'albumine végétale. Cette albumine coûte moins cher que l'albumine animale, mais elle est moins vite absorbée et par suite moins profitable à l'individu.

**Ce que vaut la nourriture des prisonniers.** — Au reste, la ration théorique est d'une importance secondaire. Ce qu'il faut considérer, c'est la nourriture *réellement* donnée aux prisonniers, dont le calcul de calories le plus savant ne saurait masquer l'insuffisance : on a vu que, d'après l'ambassade d'Espagne, dont l'observation a ici un caractère général, les aliments donnés aux prisonniers sont toujours en quantités insuffisantes, *inférieures à celles indiquées dans les règlements.* L'unanimité des témoignages résultant des déclarations de rapatriés est impressionnante : il n'en est peut-être pas un seul qui ait reconnu *bonne* la nourriture qu'il a reçue dans un camp de prisonniers ; le nombre de ceux qui la jugent *passable* est insignifiant ; presque tous la déclarent *détestable.* Un regard jeté sur les menus, d'une monotonie désolante, qui accompagnent les déclarations, confirment cette appréciation. Le *matin,* un peu de prétendu « café » consistant dans une infusion d'orge ou de glands grillés, sans sucre ; à *midi,* un litre de soupe, généralement composée de blé décortiqué, ou de riz, de navets, de choucroute, pois, vermicelle, gruau, feuilles de betteraves, contenant de 300 à 350 grammes de pommes de terre et quelquefois un très petit morceau de viande ; le *soir,* une infusion de glands torréfiés ou de malt ou une décoction d'orge, accompagnée, exceptionnellement, de quelques pommes de terre bouillies ou d'un hareng salé cru, ou d'un petit morceau de fromage ; ou encore une soupe très claire au rutabaga (choux-navets) accompagnée d'un petit morceau de saucisse, s'il n'y a pas eu de viande à midi, ou enfin un peu de morue bouillie avec des châtaignes : voilà à quoi se réduit l'alimentation des prisonniers français en Allemagne ! La ration journalière de pain, théoriquement de 300 grammes, est en réalité de 250 grammes et dans certains camps ne dépasse pas 200 : un pain en grande partie composé de farine de pommes de terre ; la ration réelle de

---

[1] Note du Sous-Secrétariat du Service de santé pour la Direction du Contentieux et de la Justice militaire sur l'alimentation des prisonniers de guerre en Allemagne (n° 167 4/7 du 13 octobre 1915).

Prisonniers attendant la soupe.

Régime des prisonniers, p. 30.

viande, difficile à mesurer, puisqu'elle est presque toujours hachée, fondue dans la soupe, ne dépasse pas 50 grammes et n'est distribuée que trois fois par semaine au maximum ; le hareng cru est immangeable à force de salaison...

**Les souffrances des prisonniers. Le témoignage d'un médecin rapatrié.** — Il ne suffit pas, lorsqu'on veut apprécier cette nourriture, de constater sa *monotonie*, sa nature presque exclusivement *liquide*, son défaut absolu d'*adaptation* au goût français. Il faut songer que les hommes pour qui elle est faite sont des soldats anémiés par les privations et les fatigues de la campagne, des malades, des blessés... Il faut songer que ces hommes, lorsqu'une interruption trop fréquente s'est produite dans la distribution des colis, ou lorsque, originaires des pays envahis, ils sont privés de toute communication avec la France, sont dépourvus aussi de tout secours, et que les rations distribuées au camp constituent la totalité de leur régime. Dans les camps de civils surtout, il y a eu des souffrances sans nom. « On peut dire, écrit le docteur F..., rapatrié du camp de *Merseburg* au mois de juillet 1915, que nos hommes ont souffert, souffrent et souffriront jusqu'à la fin de leur captivité ; et ce n'a pas été la moindre de nos peines morales que d'entendre le cri de la faim inapaisée qui, à chaque moment de la journée, retentissait à nos oreilles, que de voir des malades incapables de reprendre leurs forces, des blessés traînant pendant des mois des plaies insignifiantes, faute d'une alimentation suffisante... En plein hiver, des hommes jeunes ou vieux, civils ou militaires, ont attendu des heures à la porte de la baraque des médecins, sous la pluie et la neige, qu'on apporte notre repas, dans l'espoir, jamais déçu, qu'ils pourraient recevoir la desserte de notre modeste table. J'ai vu des Russes plonger en courant leur casquette dans les marmites qui passaient, et poursuivis, jetés à terre par un autre affamé voulant avoir sa part du larcin. J'en ai vu ramasser le sable imprégné d'un peu de soupe tombée et le sucer avec avidité ; d'autres, plongés dans un des récipients, en lécher la paroi comme un chien lèche une écuelle ; d'autres éplucher patiemment des boîtes à ordures pour y trouver ce qui pouvait rester des débris alimentaires dans les balayures de notre chambre... Et pour que ce tableau — que je n'exagère pas — soit exact, il faut affirmer que la faim seule peut décider un appétit, même délicat, à absorber la nourriture qui leur est fournie, et qui, au fur et à mesure que se prolonge la guerre, devient de moins en moins appétissante. Soupes compactes le matin, comparables au cataplasme ou à la colle d'affiches, à peine salées ou poivrées ; soupes claires le soir, tapioca et farine cuite à l'eau ; pommes de terre à fécules, criblées de germes et de parties noires ; harengs superbes mais terriblement salés et que la faim oblige à manger sans autre forme de procès ; bouts de saucisses, de boudins d'une fraîcheur trop souvent douteuse ; fromages arrivés à la dernière limite de la conservation : tout cela composait des menus auxquels nul n'a jamais pu se résigner, et que tous avalaient, à part une ou deux soupes aux pâtes, avec répugnance. A vrai dire, l'Allemagne donne à manger à nos hommes, mais c'est la France familiale et charitable qui, depuis février, leur permet de ne plus avoir constamment faim » [1].

**Les « différences ».** — Il convient, pour compléter ce tableau, de signaler les « différences » auxquelles faisait allusion un rapport précité de M. Eugster. Il est certain que les blessés soignés dans les hôpitaux en même temps que des soldats allemands dont ils partageaient le régime ; les prisonniers travaillant à la campagne chez des paysans et nourris à leur table ; les prisonniers employés dans les usines, en violation des conventions internationales, à des travaux en rapport avec les opérations de guerre, semblent avoir bénéficié, sous le rapport de l'alimentation, d'un traitement acceptable. Et ces « différences » montrent la faiblesse de l'excuse qui veut pallier la responsabilité des autorités allemandes, en alléguant la situation économique, de plus en plus difficile, de l'Empire. La substitution, longtemps réclamée en vain, de la régie à l'entreprise dans plusieurs camps a déterminé du mois de juillet au mois de décembre 1915 une certaine amélioration, en mettant fin aux abus scandaleux des intermédiaires. Cette amélioration, due aussi aux persévérantes interventions des neutres, aux protestations réitérées du Gouvernement français, aux mesures de réciprocité, est constatée par les rapports de l'ambassade d'Espagne concernant les camps de *Soltau, Darmstadt, Quedlimburg, Merseburg, Bautzen, Göttingen, Erfurt* [2]. Elle devait être malheureusement de courte durée, et des rapports plus récents de l'ambassade sur les visites de ses délégués à *Ludwigsburg-Eglosheim, Guben, Chemnitz-Ebersdorf, Hammelburg,* signalent les plaintes renouvelées, de plus en plus vives, des prisonniers [3].

Cet exposé, enfin, serait injuste et incomplet, s'il négligeait l'intelligente activité des *sociétés de secours* françaises et neutres qui, subvenant par des envois faits sans compter à la détresse des isolés, des ignorés, ont répondu à bien des cris de désespoir et soulagé bien des misères.

---

[1] Rapport du docteur F..., rapatrié du camp de *Merseburg* au mois de juillet 1915.

[2] Rapports de l'ambassade d'Espagne concernant les camps de *Soltau* (visite du mois de septembre 1915), *Darmstadt* (visite du 6 novembre), *Quedlimburg* (visite du 19 novembre), *Merseburg* (visite du 21 novembre).

[3] Rapports de l'ambassade d'Espagne concernant les camps de *Ludwigsburg-Eglosheim* (visite du 2 février 1916), *Guben* (22 mai 1916), *Chemnitz* (7 juin), *Hammelburg* (6 juillet).

## SECTION III.

### L'HABILLEMENT.

Aux termes des conventions de La Haye, l'habillement des prisonniers de guerre (uniformes et vêtements de dessous) est à la charge du gouvernement qui les a capturés. Il appartient à ce gouvernement d'imposer à ses prisonniers le port d'uniformes qui permettront de les reconnaître et rendront par là les évasions plus difficiles.

### § 1. — Les prisonniers allemands en France.

**Les ateliers dans les dépôts.** — Le Gouvernement français s'est conformé à ses obligations internationales, en organisant dans les dépôts de prisonniers des ateliers de réparation de vêtements et de chaussures. Les uniformes usés des prisonniers sont remplacés par des vêtements confectionnés dans ces ateliers avec un drap de couleur analogue mais non identique à celui des uniformes allemands [1]. Chaque prisonnier est pourvu d'une coiffure (béret type allemand), d'un pantalon de drap, d'un vêtement comprenant veste, tunique, dolman, capote ou vareuse, deux chemises de toile ou de coton, deux paires de chaussures en cuir (dont l'une peut être remplacée par des sabots) [2]. Des prescriptions spéciales concernent les travailleurs, qui reçoivent l'été des chapeaux de paille à larges bords [3], les prisonniers travaillant dans les pays chauds, qui sont munis de couvre-nuque... Les prisonniers ne doivent jamais être revêtus d'uniformes français [4], et les vêtements civils qu'ils auraient sur eux leur sont retirés et gardés en lieu sûr par les commandants des dépôts. Leur habillement peut d'ailleurs être complété par les envois de leurs familles ou des sociétés charitables de leur pays.

**L'état de l'habillement.** — Le lieutenant-colonel de Marval, visitant au mois de février 1915 les dépôts des XIII$^e$, XIV$^e$ et XV$^e$ régions, a pu constater à plusieurs reprises combien les secours collectifs adressés par la Croix-Rouge allemande et par des comités spéciaux sont exactement distribués, et quelle

---

(1) D. M. n$^{os}$ 4502 5/5 du 24 octobre 1914 et 560 6/10 du 22 octobre 1915.

(2) B. O. 77 art. 49, p. 21.

(3) D. M. n° 9829 6/10 du 23 juin 1915.

(4) D. M. n° 1915 6/10 du 8 novembre 1914.

sollicitude les officiers des dépôts mettent à faire donner aux plus besogneux les objets envoyés de la mère-patrie[1]. Les délégués de l'ambassade des États-Unis ont témoigné aussi leur satisfaction au sujet de l'habillement des prisonniers, notamment à *Castres* où « ils donnent l'impression d'être bien logés, bien nourris et *bien vêtus* », au *Grand-Aulnay* (près Rouen) où des habits de travail et des souliers sont distribués à tous, à *Romans* où « les prisonniers sont proprement vêtus. Dans un atelier de tailleurs, où ils sont employés, on fait tous les vêtements neufs dont ils ont besoin. Les uniformes qui se trouvent hors d'usage sont remplacés par des vêtements faits de tissus de bonne qualité et solidité dont la forme et la coupe suivent celles des uniformes allemands. Dans le dépôt on a également organisé un atelier de cordonnerie. . . »[2].

**Mesures de réciprocité.** — Le Gouvernement allemand était loin de pourvoir d'une manière suffisante à l'habillement des prisonniers français. Une mesure brutale, parvenue à la connaissance du Gouvernement français dans la seconde moitié du mois d'octobre 1915, aggravait encore la situation en interdisant les envois collectifs d'uniformes aux prisonniers. Après une protestation demeurée sans effet, le Gouvernement décida, par mesure de réciprocité, de cesser de fournir des vêtements nouveaux aux prisonniers allemands et d'interdire tout envoi qui serait fait autrement que par colis individuel. On verra que, moyennant réciprocité, les envois collectifs de vêtements ont été autorisés, aux termes d'un accord intervenu au mois de mai 1916.

### § 2. — Les prisonniers français en Allemagne.

**Le dénuement pendant les premiers mois de la captivité.** — En Allemagne, pendant les premiers mois de la captivité, les distributions de linge et de vêtements aux prisonniers internés dans les *camps* furent *inexistantes*. Les froids de l'hiver, sous un climat particulièrement rigoureux, les surprirent vêtus des seuls uniformes — en haillons — qu'ils portaient au moment de leur capture, tandis qu'ils grelottaient la nuit sous la couverture,

---

(1) Rapport de M. le lieutenant-colonel de Marval sur sa visite aux dépôts de prisonniers de guerre allemands dans les XIII$^e$, XIV$^e$ et XV$^e$ régions, *op. cit.*, 1$^{re}$ série, p. 48.

(2) Rapport de l'ambassade des États-Unis sur les visites de ses délégués aux dépôts de *Castres* (6 février 1915), du *Grand-Aulnay*, près Rouen (4 août 1915) ; de *Romans* (30 août 1915).

(3) Décision ministérielle 27559 6/10 du 26 janvier 1916.

souvent unique et combien usée, qui composait toute la literie. L'état de dénuement et de misère de certains camps est signalé en termes poignants dans les déclarations des premiers rapatriés. Ainsi, l'officier d'administration L. Joseph, qui a séjourné à *Gustrow* du 8 septembre au 28 novembre 1914, rapporte que, dans ce camp, « tous les soldats français sont anémiés; ce sont de véritables loques, à peine revêtues d'uniformes en haillons. Ils grelottent de faim et de froid, et quelques-uns, n'ayant pas de chaussures, s'étaient attaché, avec des ficelles, des planchettes sous les pieds »[1]. Le docteur M.... Jean, dans son rapport du 14 mai 1915, dit qu'à *Lechfeld*, les prisonniers « sont mal couverts, dépourvus de vêtements de rechange, contractent rhumes, bronchites, fluxions de poitrine ». Et encore, le 22 mai, MM. Eugster et de Marval constatent qu'à *Amberg*, « les vêtements, habits, linge, chaussures, sont en mauvais état; les hommes manquent de pantalons, de chaussures convenables et de sous-vêtements »[2].

**Les envois de secours.** — A partir du mois de juin, l'adoucissement de la température a diminué, sous ce rapport, les souffrances des prisonniers. Le lavage, le renouvellement du linge a commencé à s'effectuer, à peu près régulièrement, dans un certain nombre de camps. Surtout la régularité plus grande dans l'arrivage et la distribution des colis assurait aux prisonniers, grâce aux envois individuels et collectifs venus de France, un habillement convenable.

Déjà, au mois de mars 1915, des wagons chargés de linge (chemises, caleçons, chaussettes), de sous-vêtements (chandails, cache-nez, tricots, ceintures), étaient expédiés sous le couvert de l'ambassade d'Espagne, à Paris, à l'ambassade d'Espagne à Berlin. 80,000 collections de chemises, caleçons et ceintures, plus de 50,000 tricots, 25,000 cache-nez, 10,000 pantalons avaient été envoyés à la date du 5 mars. Le développement des œuvres privées, la coordination progressive de leurs efforts avec le concours officieux du Service des prisonniers au Ministère de la Guerre, un crédit de deux millions voté par le Parlement au mois de juillet 1915 pour le troisième trimestre 1915, suivi d'un crédit de trois millions pour le quatrième trimestre, et d'un nouveau crédit de trois millions pour chacun des deux premiers trimestres de 1916 permettaient de multiplier les envois. Le Gouvernement allemand faisait savoir qu'il autorisait le port de vêtements civils pourvu

---

(1) Rapport de l'officier d'administration L. Joseph, rapatrié en juillet 1915.

(2) Rapport de MM. Eugster et de Marval sur leurs visites communes de onze dépôts de prisonniers en Allemagne, du 13 au 22 mai 1915, *op. cit.*, 3e série, p. 39.

qu'ils fussent en drap noir et ornés d'un passepoil jaune; un grand nombre de vêtements de ce genre étaient expédiés par les soins des sociétés de secours. Le Service de l'Intendance se trouvait en mesure de mettre à la disposition du Service des prisonniers de guerre un certain nombre de collections hors d'état de servir pour le front. Le 30 janvier 1916, 130,000 collections (comprenant capote, pantalon et képi) avaient été distribuées aux prisonniers français en Allemagne. Le 19 janvier 1916, 75,000 collections nouvelles étaient mises à la disposition des œuvres, dont 70,000 étaient déjà distribuées le 25 juin 1916. Enfin 50,000 paires de chaussons ont été réparties dans le quatrième trimestre 1915, 120,000 paires dans le premier semestre 1916.

**Les misères qui restent.** — Dans la mesure du possible, la charité privée, l'aide financière du Gouvernement, le concours généreux des neutres tâchaient de subvenir à la négligence systématique du Gouvernement impérial. Il serait vain de méconnaître l'amélioration capitale qui en est résultée; mais toutes les misères n'ont pas disparu. Les témoignages des rapatriés, de nombreuses plaintes des familles signalent les souffrances de prisonniers obligés de travailler toute la journée au desséchement des marais, les pieds dans l'eau, avec des chaussures insuffisantes. L'autorité allemande, lorsqu'elle consent à remplacer les uniformes usés, distribue, sous couleur de prévenir les évasions, des costumes disparates, incompatibles avec la dignité militaire, dont l'aspect ridicule, engendrant chez le prisonnier la timidité et la gêne, est une vexation de plus. Enfin, une note parvenue au Ministère de la Guerre français dans la seconde quinzaine d'octobre 1915 faisait connaître que le Gouvernement allemand n'autorisait les envois d'uniformes aux prisonniers que sous la forme individuelle. Par suite du nombre de vêtements ou d'uniformes dont l'envoi devient nécessaire, par suite aussi des difficultés et désavantages d'ordres divers que présente la forme de l'envoi individuel par rapport à celle de l'envoi collectif, refuser aux sociétés de secours la possibilité de procéder par envois collectifs c'est retarder le renouvellement des uniformes usés des prisonniers, c'est exposer nombre de ces derniers à passer la plus grande partie de l'hiver munis de vêtements insuffisants. Cette situation rend compte des mesures de réciprocité qui, en France, sont venues sanctionner le refus, par le Gouvernement allemand, de se conformer, sur ce point, à ses obligations internationales. Ces mesures n'ont d'ailleurs pas été sans résultat, puisqu'au mois de mai 1916, en vertu d'un accord dont il est question dans les chapitres suivants, les envois collectifs de vêtements, en même temps que les envois collectifs de pain, ont été autorisés par le Gouvernement allemand.

# CHAPITRE IV.

## LES RELATIONS POSTALES.

*Règlement de La Haye du 18 octobre 1907.* — Art. 16. *Les bureaux de renseignements jouissent de la franchise de port. Les lettres, mandats et articles d'argent ainsi que les colis postaux destinés aux prisonniers de guerre ou expédiés par eux seront affranchis de toutes les taxes postales, aussi bien dans les pays d'origine et de destination que dans les pays intermédiaires.*

*Les dons et secours en nature destinés aux prisonniers de guerre seront admis en franchise de tous droits d'entrée et autres, ainsi que des taxes de transport sur les chemins de fer exploités par l'État.*

Pour assurer, pendant la durée des hostilités, la régularité des échanges postaux entre les prisonniers de guerre d'une part, et de l'autre les membres de leurs familles, les personnes désireuses de leur faire parvenir des secours, le législateur de La Haye a prescrit l'institution dans chacun des pays belligérants et, le cas échéant, dans les pays neutres qui auront recueilli des belligérants sur leur territoire, d'un *bureau de renseignements*. Ce bureau, chargé de répondre à toute demande concernant les prisonniers, reçoit des divers services compétents toutes les indications relatives aux internements, aux mutations, mises en liberté sur parole, échanges, évasions, entrées dans les hôpitaux, etc., tous renseignements permettant d'établir des fiches individuelles (art. 14). Ce bureau facilite la tâche des *sociétés de secours* qui procèdent à l'envoi de colis individuels ou collectifs destinés aux prisonniers nécessiteux (art. 15). Enfin, confirmant une disposition antérieure de la Convention postale universelle du 26 mai 1906 (art. 2, § 4), le règlement de La Haye crée, dans l'art. 16 ci-dessus, la franchise de port au profit des correspondances expédiées ou reçues par le Bureau des renseignements et par les prisonniers de guerre eux-mêmes.

Le législateur de La Haye s'est abstenu de régler de manière plus précise le mode de correspondance, la fréquence des échanges postaux. Il a pensé, avec raison, que toute réglementation sur ce point, subordonnée à des circonstances telles que le nombre des prisonniers, la facilité des relations postales entre les États belligérants, ne pouvait être prévue à l'avance.

## SECTION I.

### LES PRISONNIERS ALLEMANDS EN FRANCE.

**Facilités accordées dès le début de la guerre pour la correspondance des prisonniers.** — Le Gouvernement français s'est conformé, dans l'esprit le plus large, aux intentions du législateur de La Haye. Il s'est empressé de confirmer la *franchise postale* dont bénéficieraient toutes correspondances concernant les prisonniers de guerre [1]. Il a permis aux prisonniers de correspondre soit par cartes postales, soit par lettres ouvertes [2], et étendu les libertés précédentes aux prisonniers internés dans les pays de protectorat [3]. Aucune disposition n'est venue tout d'abord interdire l'usage des télégrammes, ni limiter le nombre et la longueur des lettres. Le libéralisme excessif du Gouvernement ouvrait la porte à des abus. Le 13 novembre 1914, le général commandant la 17e région avertit M. le Ministre de la Guerre que chacun des 4,500 prisonniers internés dans ladite région écrit quatre ou cinq fois par semaine des lettres de six à huit pages. Le 25 novembre 1914, le général commandant la 18e région parle aussi de la « correspondance interminable » des prisonniers de guerre. Une circulaire ministérielle du 27 novembre 1914 venait, en conséquence, limiter — dans un esprit très bienveillant — la correspondance des prisonniers : chacun d'eux conservait le droit d'écrire, par semaine, une lettre de deux pages d'étendue moyenne, ou deux lettres d'une page, ou deux cartes postales [4].

**Mesures de réciprocité. L'accord de février 1915.** — Les restrictions beaucoup plus graves apportées par l'autorité allemande à la correspondance des prisonniers, les irrégularités constatées dans la distribution des colis et le payement des mandats amenèrent, de la part du Gouvernement français, des mesures de réciprocité (limitation plus étroite de la correspondance par la circulaire ministérielle du 7 janvier 1915 [5]; retour à l'expéditeur des

---

[1] D. M. 2018 1/11 du 29 août 1914. La franchise postale existe aussi pour les boites avec valeur déclarée ainsi que les mandats (D. M. 2018 1/11 du 29 août 1914). Les colis postaux sont exonérés de toutes taxes de transport (D. M. 653 6/10 du 23 octobre 1914 et B. O. 77, art. 64, p. 34).

[2] Dépêche ministérielle du 14 octobre 1914.

[3] D. M. du 7 décembre 1914, 1691 6/10.

[4] D. M. du 27 novembre 1914, 1416 6/10.

[5] D. M. du 7 janvier 1915, 5c °/10.

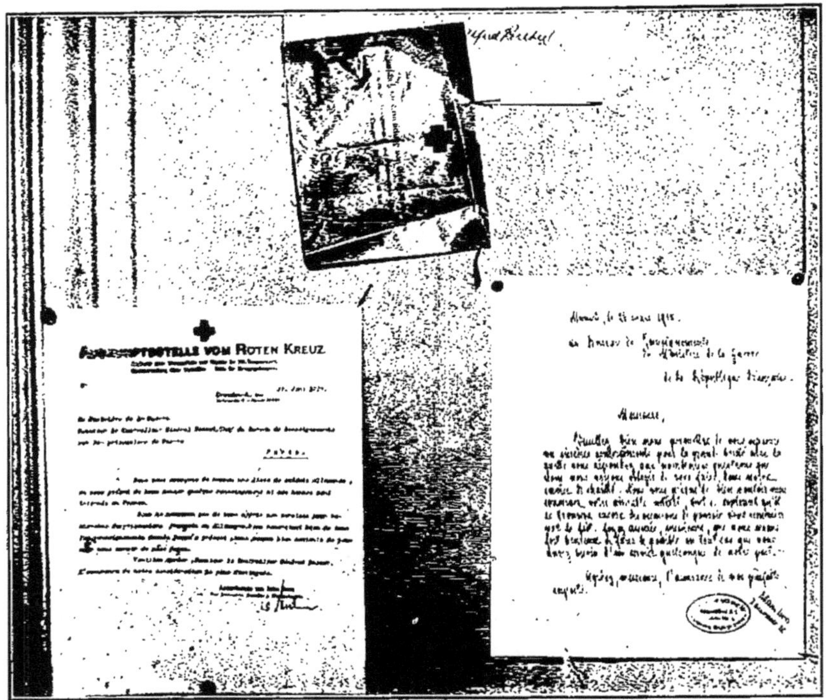


Photographies prises au *Bureau de renseignements aux familles*, à Paris.

L'arrivée des colis au dépôt de *Montluçon*.

*Régime des prisonniers*, p. 47.

colis mal adressés que le Bureau des renseignements acheminait jusque-là à leur adresse véritable). Elles ne tardèrent pas à produire leur effet; le Gouvernement français informé que, par *arrêté du 3 février 1915*, le Ministère de la Guerre allemand avait déclaré autoriser les prisonniers français à écrire *une carte par semaine*, et *chaque mois deux lettres*, dont la longueur n'excéderait pas quatre pages pour les soldats et six pour les officiers, s'empressait de mettre en vigueur, pour les prisonniers allemands, un régime identique. Ainsi s'est établi entre les Gouvernements un accord tacite, auquel, pour sa part, le Gouvernement français s'est toujours conformé d'une manière scrupuleuse. MM. Eugster et de Marval, dans leurs rapports de mai et de juin 1915, ont constaté dans tous les dépôts visités par eux que la correspondance s'effectuait « normalement », et que le service postal était « parfaitement en ordre »[1]. Au Maroc seulement, quelques fuites de colis ayant été constatées, des instructions précises ont été envoyées à Marseille pour qu'une surveillance plus étroite soit exercée. Les réclamations, d'ailleurs peu nombreuses, qui se sont produites, concernant des colis égarés ou incomplets, ont été l'objet de l'examen le plus attentif. Les deux délégués de la Croix-Rouge qui, postérieurement à MM. Eugster et de Marval ont visité les treize dépôts du Maroc, le Dr Blanchod et le Dr Speiser ont constaté que les seuls retards qui se soient produits dans l'arrivée des lettres ou dans la distribution des colis sont dus à des adresses insuffisantes ou inexactes, et aux difficultés de débarquement dans le port de Casablanca, où les navires ne peuvent aborder par une grosse mer. Ils ne sont jamais imputables à la mauvaise volonté ni à la négligence des autorités françaises[2].

**Régime spécial concernant les prisonniers capturés aux colonies, les prisonniers internés ou hospitalisés dans la zone des armées. Le retard systématique de dix jours.** — Les restrictions que, par réciprocité, le Gouvernement français a dû apporter au droit de correspondre concernent des catégories spéciales de prisonniers; elles ont, à l'heure actuelle, presque entièrement disparu. Les populations françaises retenues dans les pays occupés par les troupes allemandes étant, malgré des protestations réitérées, restées dans l'impossibilité de correspondre avec leurs familles, le Gouvernement français a cru devoir leur assimiler les prisonniers allemands capturés aux

---

[1] Rapport de MM. Eugster et de Marval sur leurs visites communes de douze dépôts de prisonniers en France, du 25 mai au 1er juin 1915, *op. cit.*, 3e série, p. 49 et suiv.

[2] Rapport de MM. Blanchod et Speiser sur leurs visites aux camps des prisonniers allemands au Maroc en décembre 1915 et janvier 1916.

colonies, et transférés pour la plupart en Algérie ou au Maroc; au mois de mai 1915, le Gouvernement allemand était avisé qu'il leur serait fait désormais interdiction de correspondre; cette interdiction a été levée progressivement, au fur et à mesure que le droit de recevoir des colis, puis celui de faire parvenir de leurs nouvelles étaient rendus aux habitants des régions envahies : le 6 février 1916, les prisonniers capturés aux colonies pouvaient écrire une première lettre à leurs familles[1]. Le 28 mars 1916, les instructions nécessaires étaient données pour que dorénavant aucune différence ne fût faite entre les Allemands capturés au *Togo* et au *Cameroun* et les autres prisonniers, tant au point de vue de la réception et de l'expédition des correspondances que de la faculté de recevoir colis et mandats. — Une autre situation, plus angoissante encore, faisait l'objet des préoccupations du Gouvernement : les prisonniers français internés en pays envahis étaient privés du droit de correspondre : leurs noms même étaient inconnus : ainsi était entretenue une incertitude douloureuse propre à faire naître, dans les familles des disparus, de cruelles alternatives d'espoir et de découragement. A partir du 15 mai 1915, après des protestations demeurées vaines, le Gouvernement suspendit, pour tous les prisonniers allemands internés ou hospitalisés dans la zone des armées françaises, le droit de correspondre et de faire parvenir de leurs nouvelles. Cette restriction fut levée, le Gouvernement allemand ayant fait savoir officiellement le 28 septembre 1915 que les prisonniers internés dans les départements envahis et en Belgique recouvraient le droit de correspondre et que leurs noms seraient communiqués; le Gouvernement allemand, dans un communiqué officiel publié par la *Gazette de Cologne*[2], constate que « rien ne justifie la supposition qu'il y ait encore aujourd'hui des Allemands aux mains des Français auxquels on ne donne pas la possibilité de correspondre avec leurs proches ». — Une seule limitation subsiste, ayant un caractère général. Le départ des lettres de prisonniers étant soumis, en Allemagne, à un retard systématique de dix jours, ce retard a été établi, pour les correspondances des prisonniers allemands en France, par *circulaire du 3 février 1916*[3]. Les intéressés ont été invités à faire part à leurs familles de cette décision, et à leur en faire connaître les motifs.

---

(1) D. M. du 6 février 1916, n° 28454 6/10.

(2) Lettre de M. le Président du Conseil, Ministre des Affaires étrangères, à M. le Ministre de la Guerre n° PG. 457, du 17 février 1916.

(3) D. M. 28239 6/10 du 3 février 1916.

## SECTION II.

### LES PRISONNIERS FRANÇAIS EN ALLEMAGNE.

**Restrictions apportées, au début de la guerre, à la correspondance des prisonniers.** — Tandis que le Gouvernement français s'attachait, au début de la guerre, à faciliter, au profit des prisonniers allemands, les relations postales avec leurs familles, l'autorité allemande semblait prendre à tâche de multiplier les mesures restrictives : interdiction de l'usage du télégraphe par un règlement publié dans le numéro du 3 janvier de la *Gazette de l'Allemagne du Nord;* perception, en violation de l'article 16 du Règlement de la Haye, de droits de douane sur les colis, et retenues non moins arbitraires effectuées lors du payement des mandats; refus de transmettre aux prisonniers les correspondances ne portant pas la mention précise du lieu d'internement, alors que, bien souvent, les familles françaises ne pouvaient connaître les noms des camps où étaient internés leurs proches! Le nombre des lettres était abandonné au pouvoir arbitraire des commandants de camps : un avis, portant la signature du colonel commandant le dépôt d'*Ulm*, en date du 5 novembre 1914, ne laisse aux prisonniers le droit d'écrire et de recevoir qu'une lettre toutes les quatre semaines, et une carte postale pour les trois autres semaines du mois; un rapport de l'ambassade d'Espagne sur la visite de ses délégués au camp de *Lechfeld*, en date du 29 janvier 1915 [1], signale que dans ce camp la correspondance est réduite à une lettre par quinzaine. En fait, les lettres arrivaient souvent trois semaines, deux mois après leur expédition ou n'arrivaient pas; les colis étaient vidés d'une partie de leur contenu (chocolat, conserves, etc.).

**L'arrêté du 3 février 1915, et son application.** — Les observations des Ambassades, les protestations du Gouvernement français, les mesures de réciprocité aboutirent à l'établissement d'un régime officiel et uniforme constitué par un *arrêté du Ministère de la Guerre allemand du 3 février 1915* : « *Il est décidé que les prisonniers ennemis peuvent écrire deux lettres par mois, en outre une carte par semaine... La longueur des lettres ne doit pas dépasser quatre pages pour les soldats et six pour les officiers, du format ordinaire. Des*

---

[1] Rapport transmis par le Ministre des Affaires étrangères à M. le Ministre de la Guerre par lettre n° P. G. 490 du 9 février 1915.

*exceptions sont autorisées seulement pour des cas particuliers, tels que règlements d'affaires urgentes ou de famille... L'échange de correspondances entre prisonniers de différents camps n'est pas autorisé en principe... On veillera spécialement, suivant l'ordonnance du 8 décembre 1914, à la remise aux prisonniers nouvellement arrivés, aussitôt après leur entrée au camp, de cartes postales destinées à donner de leurs nouvelles à leurs familles.* » A la suite des réclamations du Gouvernement français, les droits de douane ont cessé d'être perçus sur les colis. Aussi l'établissement du régime nouveau est-il le point de départ d'une amélioration sérieuse dans les relations postales des prisonniers avec leurs familles : amélioration dont témoignent les comptes rendus d'interrogatoires des grands blessés rapatriés en juillet et en septembre 1915. Néanmoins les plaintes des familles françaises — plaintes très nombreuses, comme l'a reconnu expressément l'Office impérial des affaires étrangères — concernent des retards inexplicables dans la transmission des lettres, des disparitions de colis. Ces observations sont confirmées par les constatations du Bureau militaire de contrôle postal de Pontarlier qui a relevé dans beaucoup de cas un retard de plus d'un mois dans l'expédition des lettres de prisonniers; elles sont confirmées aussi par de nombreux rapports de l'ambassade d'Espagne. Le Gouvernement allemand s'est efforcé, à maintes reprises, de dégager sa responsabilité, en imputant gratuitement ces retards au fonctionnement des postes françaises, ou en alléguant le grand nombre des prisonniers en son pouvoir. L'excuse résiste mal à la simple énumération de mesures, sans équivalent en France, et qui témoignent chez les autorités allemandes d'un mauvais vouloir systématique : le retard systématique de dix jours imposé au départ des lettres de tous les prisonniers, que le Gouvernement français a dû imiter, après avoir vainement essayé d'en obtenir l'abolition; la suspension complète et prolongée, parfois pendant deux mois, des relations postales avec les prisonniers d'un camp, sous prétexte d'encombrement des bureaux ou d'épidémies, alors que le Gouvernement reconnaissait aussitôt après « qu'il avait été remédié depuis longtemps à l'encombrement des bureaux de poste », et qu'« on avait acquis récemment la preuve qu'il n'y avait pas, en fait, de contamination à craindre pour les maladies contagieuses dont il s'agit »; l'abus des punitions collectives, consistant dans la privation momentanée du droit d'écrire, d'envoyer et de recevoir des colis, infligées à tous les prisonniers d'un camp pour des raisons inadmissibles : une tentative d'évasion, le refus de certains prisonniers de participer à des travaux en rapport avec les opérations de la guerre. Ainsi, les délégués de la Croix-Rouge rapportent qu'à *Puchheim*, « lorsqu'il y a une infraction dans une baraque et qu'on ne trouve pas le coupable, les camarades de chambrée sont privés de colis et de lettres pour une durée maxima de quinze jours ». Des pratiques semblables sont signalées à *Weitmoos* et à *Hohen-Asperg*[1].

Au mois d'avril 1916, alléguant faussement qu'en violation de l'accord intervenu les relations postales n'auraient pas été rétablies régulièrement avec les prisonniers allemands capturés au *Togo* et au *Cameroun*, le Gouvernement allemand supprimait tout trafic postal pour les camps de *Friedberg*, *Cassel-Niederzwehren* et *Holzminden*. Le trafic fut rétabli le 15 mai, à la suite d'une protestation énergique, avec menaces de réciprocité, du Gouvernement français.

**Les envois collectifs de pain aux prisonniers.** — On a signalé l'effet le plus douloureux qu'entraîne, pour les prisonniers français en Allemagne, cette irrégularité dans les relations postales, et spécialement dans les distributions de colis. S'ajoutant à l'insuffisance manifeste de l'alimentation dans les camps, elle rendait intolérables les tourments de la faim. Au mois de décembre 1915, les autorités allemandes aggravaient la situation en interdisant les envois collectifs de pain aux prisonniers. On sait que, vers la même époque, usant de réciprocité, le Gouvernement français réduisait, dans une proportion considérable, la ration alimentaire des prisonniers allemands. En mars 1916, invoquant l'accroissement considérable du nombre des colis individuels, et l'impossibilité où il se trouverait bientôt d'en assurer la manutention et le transport, le Gouvernement allemand annonçait la prochaine suppression de ces envois. Il faisait savoir toutefois que, si la ration quotidienne de pain des prisonniers allemands était augmentée, il était disposé à autoriser de nouveau les envois collectifs de pain aux prisonniers français.

En présence de cette décision, dont l'exécution aurait privé les prisonniers de tout envoi de pain, soit collectif, soit individuel, la proposition allemande a été examinée et un accord a été conclu : le Gouvernement allemand s'est engagé à laisser parvenir régulièrement les envois collectifs de pain jusqu'à un maximum de 2 kilos par tête et par semaine, sous la réserve que seraient interdits, à partir du 1er juillet 1916, les colis individuels contenant du pain ou du biscuit. Par contre, les envois individuels de vivres autres que le pain et le biscuit continuent à être autorisés. Le Gouvernement allemand s'est engagé, en outre, à accepter les envois collectifs de vêtements, qui avaient été précédemment interdits.

Une organisation instituée avec le concours de l'État français, sous son

---

[1] Rapport des délégués de la Croix-Rouge sur leurs visites dans les camps de prisonniers français en Allemagne, au mois d'avril 1916.

contrôle permanent, assure actuellement à tous les prisonniers militaires (sous-officiers ou soldats) et prisonniers civils les envois collectifs de pain. La *Fédération nationale d'assistance aux prisonniers de guerre, 63, avenue des Champs-Élysées*, à Paris, s'est constituée à cet effet. La répartition des envois collectifs, dans les camps, est faite par l'intermédiaire des *Comités de secours*, composés de prisonniers français choisis par leurs camarades, et soumis au contrôle des délégués neutres, officiellement admis par l'Allemagne.

**Les interruptions dans la correspondance avec les régions envahies.** — Les interruptions momentanées dans les relations postales avec certains camps de prisonniers ont été pour les familles françaises des causes d'inquiétudes passagères; ces inquiétudes sont peu de chose, si on les rapproche des angoisses inexprimables qu'a occasionnées l'isolement forcé des régions envahies. Cet isolement, fondé sur de prétendues nécessités militaires, atteint les habitants de ces régions privés de tous rapports non seulement avec le reste de la France, mais avec leurs enfants, prisonniers internés en Allemagne. Il atteint tous les prisonniers français restés dans les départements occupés, soit que leur état de santé rendît leur transport impossible, soit, plus souvent sans doute, qu'ils y soient employés à des travaux en rapport avec les opérations de guerre. Il fait ainsi planer, dans la France entière, sur le sort des disparus, une douloureuse incertitude. L'émotion universelle que cette situation a causée, les observations des neutres, les mesures énergiques prises par le Gouvernement français ont amené des tempéraments successifs à l'interdiction de correspondre, absolue jusqu'au mois de juin 1915. A cette époque, les habitants des régions envahies ont reçu l'autorisation — qui devait être élargie plus tard — d'échanger avec leurs enfants, internés en Allemagne, une carte postale par mois. Les rapports les plus récents de l'ambassade d'Espagne, notamment sur les visites à *Golzern*, à *Langensalza*, à *Weitmoos-Eggstät* [1], témoignent malheureusement de l'irrégularité de cette correspondance : beaucoup de prisonniers restent sans nouvelles des leurs. L'isolement des départements occupés vis-à-vis du reste de la France a été adouci au mois de juillet 1915 par l'autorisation des envois collectifs [2], au mois de février 1916 par l'engagement qu'a pris l'autorité allemande de communiquer, sur demande, des nouvelles individuelles des Français retenus

---

[1] Rapports de l'ambassade d'Espagne sur les visites de ses délégués aux camps de *Golzern* (novembre 1915), *Langensalza* (10 janvier 1916); *Weitmoos-Eggstätt* (10 janvier 1916).

[2] Lettre n° PG. 45 de M. le Président du Conseil, Ministre des Affaires étrangères, à M. le Ministre de la Guerre, en date du 24 juillet 1915.

dans les régions envahies[1]. Après bien des tergiversations, une déclaration officielle du Gouvernement allemand, en date du 28 septembre 1915, assure que les prisonniers français retenus dans ces régions auront désormais le droit de correspondre comme les autres. Des listes ont été communiquées, comprenant un millier de noms, et les relations postales avec les prisonniers mentionnés sur ces listes ont été assurées par l'intermédiaire du camp de *Wahn*. Suivant l'affirmation plusieurs fois émise par les autorités allemandes, les seuls prisonniers maintenus dans les régions envahies seraient des blessés intransportables. Des indices graves obligent malheureusement à mettre en doute la sincérité de ces allégations. C'est ainsi que dans un rapport sur sa visite au camp de *Hammelburg*, le 6 juillet 1916, le délégué de l'ambassade d'Espagne dit que des témoins lui ont signalé la présence, au mois de juin 1916, de 3,000 Français internés dans la région de *Montmédy*, à *Dannevaux*, *Cléry*, *Vilosnes* et *Brieulles*, où ils seraient employés à la construction de chemins de fer et à la réparation de routes. Le refus systématiquement opposé par les autorités allemandes à tout projet de visite des délégués neutres dans les régions envahies autorise, à cet égard, tous les soupçons.

---

[1] Lettre n° PG. 310 de M. le Président du Conseil, Ministre des Affaires étrangères M. le Ministre de la Guerre, en date du 1er février 1916.

# CHAPITRE V.

## L'HYGIÈNE.

*Convention de Genève.* — Art. 1er. *Les militaires et les autres personnes officiellement attachées aux armées, qui seront blessés ou malades, devront être respectés et soignés, sans distinction de nationalité, par le belligérant qui les aura en son pouvoir. Toutefois, le belligérant obligé d'abandonner des malades ou des blessés à son adversaire laissera avec eux, autant que les circonstances militaires le permettront, une partie de son matériel militaire pour contribuer à les soigner.*

Art. 2. *Sous réserve des soins à leur fournir en vertu de l'article précédent, les blessés ou malades d'une armée tombés au pouvoir de l'autre belligérant sont prisonniers de guerre, et les règles générales du droit des gens concernant les prisonniers leur sont applicables.*

## SECTION I.

### LES PRISONNIERS ALLEMANDS EN FRANCE.

**Le rapatriement des médecins et des infirmiers allemands.** — La Convention de Genève crée, dans l'article reproduit ci-dessus, une situation spéciale au bénéfice du personnel sanitaire (médecins et infimiers) attaché aux armées belligérantes. Les médecins et infirmiers, n'étant pas des combattants, ne peuvent pas être *faits prisonniers*. Ils peuvent seulement être *retenus*, pour concourir aux soins d'urgence donnés à leurs compatriotes blessés ou malades ; ils doivent être relâchés dès que l'assistance du personnel médical de l'État capteur rend leur aide inutile. Se conformant scrupuleusement sur ce point à l'esprit et à la lettre de la Convention de Genève, le Gouvernement français relâcha, dès le début des hostilités, un certain nombre de médecins et d'infirmiers allemands tombés entre ses mains. Quand les réclamations des familles de médecins et d'infirmiers français indûment retenus par l'autorité allemande, les indications parvenues à la Direction du Service de santé dans le courant du mois d'octobre 1914 firent connaître que, du côté allemand, la Convention de Genève n'était pas respectée, une série de protestations, accompagnées des listes de rapatriables, furent signi-

Les douches au dépôt de *Barcelonnette*.

*Régime des prisonniers*, p. 55.

Salle d'opérations des blessés allemands au Val-de-Grâce.

*Régime des prisonniers, p. 56.*

fiées au Gouvernement impérial, et les rapatriements de médecins allemands furent suspendus. Ces mesures obtinrent un succès partiel, puisque, dans le courant du mois de novembre, une centaine de médecins français étaient restitués. Depuis lors, les rapatriements, convenus entre les Gouvernements, se sont succédé à d'assez longs intervalles. Une partie du personnel médical français étant encore, à l'heure actuelle, illégalement retenue en Allemagne, le Gouvernement français conserve en son pouvoir, par l'effet d'une juste réciprocité, un certain nombre de médecins et d'infirmiers allemands. Ils sont affectés, en collaboration avec leurs collègues français, aux soins de leurs compatriotes blessés et malades.

**L'hygiène. — Les soins donnés dans les hôpitaux.** — La bonne organisation des hôpitaux et lazarets qui ont reçu des blessés allemands, la valeur des soins qui leur ont été donnés, le dévouement des médecins chargés de leur traitement résultent d'un grand nombre de lettres et attestations émanant des intéressés eux-mêmes. Il existe, à ce sujet, dans les rapports des Ambassades et des délégués de la Croix-Rouge, une complète unanimité des témoignages. M. de Marval, visitant au mois de janvier 1915 les dépôts de la région de l'Ouest, constate que, « partout où le danger d'épidémie existe, les officiers et soldats prisonniers ont eu leurs injections antityphiques excellemment faites », qu'« à tous les grands camps sont attachés des médecins militaires français qui, à quelques exceptions près, remplissent scrupuleusement leur devoir »[1]. A la même époque, les délégués de l'ambassade des États-Unis constatent qu'à *Belle-Isle, Quiberon, Nantes, Issoudun,* « les conditions sanitaires et le traitement sont excellents ». A Saint-Brieuc, ils sont « très favorablement impressionnés par le traitement humain et efficace qui est accordé aux blessés allemands »[2]. Au mois d'août 1915, l'ambassadeur des États-Unis signale que « l'hôpital militaire de Brest est excellent à tous les égards », et que « les prisonniers parlent dans les termes les plus élogieux du traitement dont ils sont l'objet »; qu'à *Carpiagne,* « les aménagements d'hygiène sont excellents »; qu'à *Barcelonnette,* « ils sont tout à fait excellents, et on pourrait presque les dire luxueux »[3]. Dans le midi de la France, MM. Eugster et de Marval obser-

---

[1] Rapports de M. de Marval sur sa visite aux dépôts de prisonniers de guerre allemands dans les IX$^e$, X$^e$ et XI$^e$ régions, *op. cit.*, 1$^{re}$ série, p. 29.

[2] Rapport de l'ambassade des États-Unis sur la visite de ses délégués au dépôt de *Saint-Brieuc* le 20 janvier 1915.

[3] Rapport de l'ambassade des États-Unis sur les visites de ses délégués aux dépôts de *Carpiagne* (4 sept. 1915), *Barcelonnette* (10 sept. 1915).

vent, à la suite de leurs voyages du 25 mai au 1er juin 1915, « que le climat doux et sain, la quantité relativement restreinte des prisonniers de chaque dépôt ont permis à l'Administration de se contenter d'installations moins étudiées »[1]. Il en est de même en Algérie et au Maroc, où l'on a transporté à partir du mois de juillet 1915 des prisonniers allemands capturés aux colonies (Cameroun) et internés d'abord au Dahomey. Les autorités allemandes se sont plaintes vivement de cet internement dans un pays « malsain » sous un climat « tropical »; or voici, textuellement extrait de son rapport sur ses visites des mois d'avril et mai 1915, le jugement de M. de Marval : « Le climat des régions marocaines où l'on a interné les prisonniers de guerre est rude, sujet à de fréquentes variations de température. Ce n'est point un climat débilitant. L'air y est vif, les soirées fraîches immédiatement après le coucher du soleil. Si les chaleurs estivales atteignent parfois 30 à 35° centigrades à l'ombre, au milieu du jour, la température des nuits est toujours très supportable, et dès le 1er mai, les prisonniers seront astreints après le repas de 10 heures à la sieste obligatoire de 11 heures du matin à 3 heures de l'après-midi. L'état sanitaire est très bon . . . »[2]. Au mois de janvier 1916, les délégués de la Croix-Rouge, visitant à nouveau les camps du Maroc, constatent qu'« ils sont situés exclusivement dans des localités où se trouvent des garnisons de territoriaux venant de France. Les prisonniers sont donc soumis aux mêmes conditions de climat et de température que les territoriaux, à la santé desquels l'autorité militaire attache la plus grande importance. Ils sont logés d'une manière identique, ils boivent la même eau, ont le même modèle de tentes »[3]. Les délégués se plaisent à « rendre hommage aux médecins chefs des subdivisions, inspecteurs des camps de prisonniers, aux médecins des formations sanitaires et aux médecins attachés à chaque camp, pour l'intelligence, l'esprit scientifique et la bienveillance qu'ils mettent à traiter les prisonniers comme leurs propres soldats ». Ils ont « trouvé partout du matériel de pansement, des désinfectants, des médicaments en abondance »[4].

---

(1) Rapports de MM. Eugster et de Marval sur leurs visites communes de douze dépôts de prisonniers en France, du 25 mai au 1er juin 1915, *op. cit.*, 3e série, p. 47.

(2) Rapport de M. de Marval sur sa visite aux dépôts de prisonniers de guerre allemands au Maroc, avril-mai 1915, *op. cit.*, 3e série, p. 8.

(3) Rapport du Comité international de la Croix-Rouge sur la visite de ses délégués, le Dr Speiser et le Dr Blanchod, aux dépôts du Maroc, au mois de janvier 1916.

(4) Même rapport.

*Régime des prisonniers*, p. 51.

Bourg. d. 1/12/14.
Ich spreche somit, dem Herrn
Doktor, für die gute
Behandlung, die ich seit
9. Wochen gehabt habe, meinen
besten Dank aus,
ebenderselbst den Hochwürd.
Schwestern, für die gute
Verpflegung.
Nebst den Kameraden
die ich während dieser Zeit
um mich gehabt habe,
und sich so um mich annehmen,
Grüssen
mit Hochachtung
Anton
[illegible]

« J'exprime mes meilleurs remerciements à Monsieur le Docteur pour le bon traitement que j'ai reçu depuis neuf semaines, aux vénérables sœurs pour leurs bons soins, aux camarades que j'ai eus pendant ce temps autour de moi et qui m'ont si bien accueilli ».

(Lettre spontanément écrite par un prisonnier allemand blessé,
au sujet des soins dont il a été l'objet à l'Hôtel-Dieu, à *Bourg*).

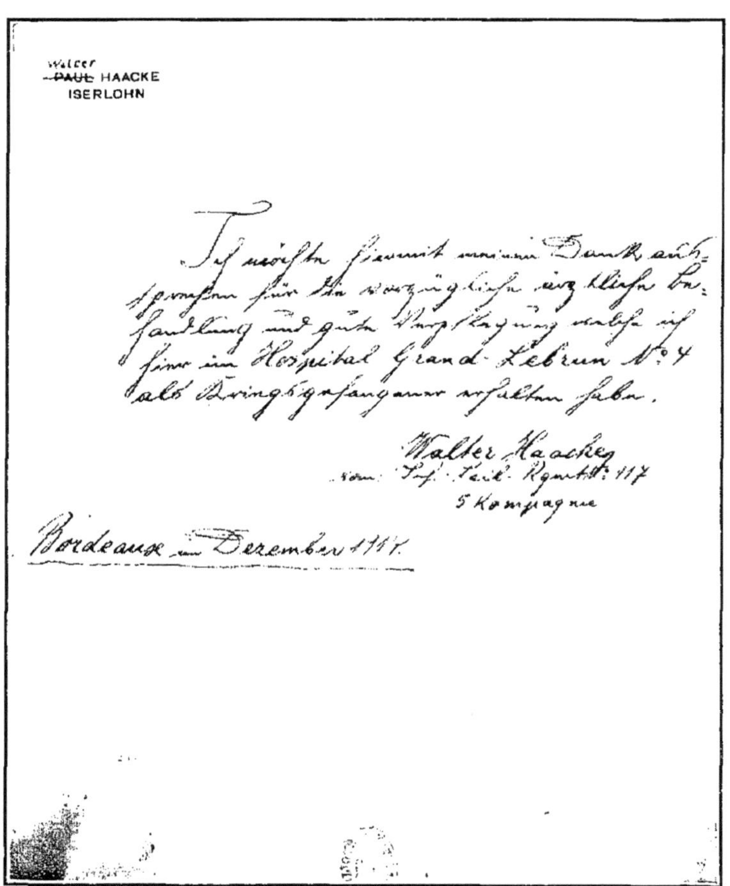

~~PAUL~~ Walter HAACKE
ISERLOHN

Ich möchte hiermit meinen Dank aus-gesprochen für die vorzügliche ärztliche Be-handlung und gute Verpflegung welche ich hier im Hospital Grand-Lebrun N° 4 als Kriegsgefangener erhalten habe.

Walter Haacke
vom Inf. Regt. N° 117
5 Kompagnie

Bordeaux im Dezember 1914.

« Je désire exprimer ici ma reconnaissance pour le traitement médical excellent et pour les bons soins que j'ai reçus comme prisonnier à l'hôpital *Grand-Lebrun* ».

(Certificat du soldat *Haacke*, du 117^e^ régiment d'infanterie, attestant les soins dont il a été l'objet à *Bordeaux*).

**L'état sanitaire des prisonniers allemands en France.** — L'état sanitaire ne pouvait manquer d'être, et il est en effet *excellent. Dans aucun dépôt de prisonniers allemands en France, il n'y a eu d'épidémie.* « Quelques cas de scarlatine, de diphtérie, de dysenterie ou de paratyphus ont été isolés dans les lazarets[(1)]. Le taux de la mortalité a été réduit à des proportions infimes. Dans tous les dépôts qu'ils ont visités, à *Saint-Étienne, Belle-Isle, Quiberon, Nantes, Issoudun,* etc., les délégués de l'ambassade des États-Unis ont constaté que l'« état sanitaire général est excellent », que « les conditions sanitaires sont excellentes ». À *Sisteron,* les hommes « semblent être en parfaite santé et de bonne humeur »[(2)]. Et l'on peut, sans risque d'erreur, donner une portée générale à ce tableau pittoresque, évidemment sincère, de M. de Marval : « J'ai eu plusieurs fois l'occasion de constater combien les prisonniers récemment arrivés aux dépôts se trouvaient en état d'infériorité physique vis-à-vis de leurs camarades internés depuis longtemps. Alors que les premiers étaient hâves, maigres, pâles, les seconds avaient un air de santé tout à fait réjouissant. Joufflus, le teint hâlé, respirant la force et souvent la joie de vivre, ces prisonniers n'inspiraient vraiment aucune pitié. . . »[(3)].

## SECTION II.

### LES PRISONNIERS FRANÇAIS EN ALLEMAGNE.

L'état sanitaire des prisonniers français en Allemagne offre, avec la situation précédente, un contraste douloureux. On ne saurait être surpris que l'installation défectueuse de certains camps, la pénurie des vêtements aient diminué encore la résistance d'hommes affaiblis par les privations et les fatigues de la campagne, que l'alimentation partout insuffisante ait ouvert la porte à la tuberculose. Mais il y a pire encore, et les tristes effets de certaines épidémies, *que l'on devait éviter,* engagent lourdement la responsabilité des autorités allemandes.

---

(1) Rapport de M. de Marval sur la visite aux dépôts de prisonniers de guerre allemands dans les IX$^{e}$, X$^{e}$ et XI$^{e}$ régions, *op. cit.*, 1$^{re}$ série, p. 29.

(2) Rapports de l'ambassade des États-Unis sur les visites de ses délégués à *Saint-Étienne,* camp de *Saint-Genest* (17 sept. 1915), *Belle-Isle, Quiberon, Nantes, Issoudun* (visites du 15 au 25 janvier 1915).

(3) Rapport de M. de Marval sur sa visite aux prisonniers de guerre allemands dans les IX$^{e}$, X$^{e}$ et XI$^{e}$ régions, *op. cit.*, 1$^{re}$ série, p. 30.

**Le maintien en captivité des médecins et infirmiers français. — Les mauvais soins.** — C'est sous le prétexte de soins à donner à leurs compatriotes blessés ou malades qu'un grand nombre de médecins et infirmiers français ont été, dès le début de la guerre, retenus et maintenus arbitrairement en captivité: bien que les protestations énergiques du Gouvernement français et les mesures qui ont suivi aient amené, dès avant le mois de novembre 1915, le rapatriement de près de 500 médecins et de plus de 4,000 infirmiers, il est acquis qu'à l'heure actuelle beaucoup sont encore, en violation de la Convention de Genève, internés en Allemagne. Or, loin de mettre à profit l'activité de ces médecins, qui demandait à s'exercer en faveur d'un nombre hélas! trop grand de malades, il semble que l'autorité allemande se soit attachée à paralyser leur zèle et leur dévouement, soit en les groupant inutilement dans certains dépôts (ainsi au fort 8 d'*Ingolstadt*, où il y avait *53* médecins français inoccupés, tandis que sévissait, à *Cassel-Niederzwehren* et à *Wittenberg*, une effroyable épidémie de typhus exanthématique [(1)]), soit en les forçant à assister, subordonnés et impuissants, à l'incurie de médecins qui sont souvent des étudiants inexpérimentés. A *Grafenwöhr*, « les hommes gravement blessés furent réservés aux médecins allemands, qui se mirent à amputer avec rage; tout membre fracturé qui suppurait était immédiatement sacrifié »... [(2)]. A *Merseburg* « les médecins étaient des machines à poser les diagnostics... Le malade sorti de sa compagnie et installé à sa place d'infirmerie ou de lazaret, on ne se préoccupait plus de lui procurer le nécessaire; la forme était sauvée » [(3)]. A *Zossen-Weinberg*, les précautions d'asepsie les plus élémentaires étaient négligées [(4)]. Les médecins rapatriés se plaignent presque tous de l'insuffisance des médicaments dans les camps. Le luxe, savamment exploité aux yeux des visiteurs neutres, de certaines installations hygiéniques a pu occasionner des illusions. Des témoignages de rapatriés, reçus sous la foi du serment, trop nombreux et trop concordants pour ne pas s'imposer à l'attention, établissent que beaucoup d'instruments très perfectionnés sont là pour la « parade »; que des salles de pansements, soigneusement entretenues, sont demeurées sans emploi; que les mesures de préservation (désinfections, vaccinations) ont été pratiquées

---

(1) Rapport du Dr T..., médecin-major de réserve de 2e classe, rapatrié de *Friedrichshafen* en juillet 1915.

(2) Rapport du médecin aide-major de 1re classe V..., interné à *Grafenwöhr* du 20 août au 8 décembre 1914.

(3) Rapport du médecin-major F..., rapatrié de *Merseburg* en juillet 1915.

(4) Rapport de l'infirmier L. B., rapatrié en juillet 1915.

souvent sans discernement, sans examen préalable; qu'elles sont mêmes devenues, notamment dans des camps de civils, un moyen de vexation. A *Holzminden*, lors de la visite des délégués de l'ambassade d'Espagne, les prisonniers se sont plaints avec insistance d'une mesure d'hygiène appliquée d'une façon générale ou presque, et qui consiste à obliger les prisonniers à se raser les parties du corps les plus intimes. «Cette mesure, très justifiée dans certains cas, ne peut que difficilement être admise d'une façon générale, surtout dans un camp comme celui d'*Holzminden*, où se trouvent réunies des personnes de coutumes et de conditions si différentes » [1].

**L'état sanitaire dans les camps. — Maladies diverses.** — Les maladies, d'autant plus redoutables qu'elles sévissent au sein de grandes agglomérations, où les contacts sont de tous les instants, où l'espace manque, portent en elles-mêmes l'indication de leurs causes. Ce sont les *rhumatismes*, dont la fréquence est signalée, surtout à *Merseburg*, par le D^r F..., et qui sont dus à l'humidité des baraquements. Le genre d'alimentation explique le grand nombre des maladies éruptives (érysipèles, rougeoles, scarlatines) accompagnées de néphrites avec albuminurie et œdèmes énormes : «Nous devons admettre, dit le D^r F..., qu'une partie importante de ces néphrites a été due à l'action sur des reins déjà tarés d'une alimentation où revenaient assez souvent des mets très salés et toxiques (harengs, saucisses, viandes de conserves) et aussi à l'ordre donné de pratiquer des vaccinations anticholériques et antityphiques, sans tenir aucun compte des contre-indications» [2]. Les gastrites ont sévi en particulier dans les camps de civils, chez les enfants.

**La tuberculose.** — Un fléau plus terrible est la *tuberculose*. Les ravages qu'elle a causés dans de nombreux camps, parmi les prisonniers français, sont avoués par l'autorité allemande, qui présente une excuse, au moins inattendue : le peuple français est un peuple prédisposé à la tuberculose! Quand les délégués de l'ambassade d'Espagne ont visité le camp de *Kœnigsbrück*, «les médecins allemands ont insisté souvent sur le grand nombre de tuberculoses qu'ils ont trouvées parmi les soldats français prisonniers, au moment de leur capture» [3]. Dans une note du 9 janvier 1915, en réponse

---

(1) Rapport de l'ambassade d'Espagne sur la visite de ses délégués au camp de *Holzminden* le 14 juin 1915.

(2) Rapport précité du D^r F..., rapatrié de *Merseburg* en juillet 1915.

(3) Rapport de l'ambassade d'Espagne sur la visite de ses délégués au camp de *Königsbrück*, transmis par lettre n° P. G. 490 du Ministre des Affaires étrangères à M. le Ministre de la Guerre, en date du 9 février 1915.

aux protestations qu'a rendues nécessaires la mortalité particulièrement élevée du camp de *Zossen-Wundsdorf*, le Gouvernement allemand mentionne la tuberculose « si répandue en France »[1]. On retiendra l'aveu, sans insister sur la valeur de l'excuse. Les soldats qui, depuis vingt mois, retiennent dans les tranchées l'effort impuissant des masses allemandes ne sont pas des tuberculeux. — Le 5 janvier 1915, la Direction française du Service de santé mettait le doigt sur la plaie, en même temps qu'elle indiquait le remède. Elle réclamait, pour enrayer les progrès du mal, un logement plus sain, une nourriture plus abondante, l'emploi des prisonniers à des travaux agricoles...[2]. Or, le 1er mars suivant, l'ambassadeur d'Espagne, visitant le camp de *Friedrichsfeld*, signale que, « d'après MM. les médecins français, la maladie régnante est la tuberculose ancienne réveillée chez les prisonniers, presque tous des territoriaux, par les privations et les fatigues de la campagne d'abord, puis d'une captivité déjà longue »[3]. A *Merseburg*, les médecins dénoncent « le réveil des tuberculoses anciennes cicatrisées, guéries ou torpides, l'apparition de bacilloses nouvelles nombreuses, à forme hémoptoïque (produit de l'inanition relative), l'évolution rapide sous forme toxhémique des bacilloses en évolution au moment de l'arrivée au camp ». A *Zossen-Weinberg*, les médecins constatent que la tuberculose évolue plus rapidement que dans la situation ordinaire...[4]. Visitant le camp de *Cottbus* (Brandenburg), le 17 mai 1916, où sont internés 486 Français, les délégués de l'ambassade d'Espagne sont frappés du nombre élevé des cas de tuberculose *cerrados* (fermée) soignés à l'infirmerie de camp[5].

**Le typhus exanthématique.** — Rien n'égale en horreur l'*épidémie de typhus exanthématique* qui a sévi dans un grand nombre de camps allemands, et qui a désolé ceux de *Langensalza*, de *Cassel-Niederzwehren*, de *Wittenberg*. La cause du fléau ne fait ici l'objet d'aucun doute : la propagation du mal est due *uniquement* au mélange systématique et forcé opéré par l'autorité allemande entre les Français et les Russes, ces derniers porteurs d'un agent

---

(1) Annexe à la Dépêche politique du 9 janvier 1915, n° 18. Ambassade d'Espagne à Berlin. Note verbale.

(2) Note du Service de santé pour la Direction du Contentieux et de la Justice militaire, en date du 25 janvier 1915.

(3) Rapport de l'ambassade d'Espagne sur la visite de ses délégués au camp de *Fredrichsfeld* le 1er mars 1915.

(4) Rapports des médecins rapatriés d'Allemagne en juillet 1915.

(5) Rapport de l'ambassade d'Espagne sur la visite de ses délégués au camp de *Cottbus*, le 17 mai 1916.

de contagion, le *pou*, qui, spécifiquement infecté, pullule rapidement. D'après une note verbale de l'Office impérial des Affaires étrangères du 30 novembre 1915 [1], la cause du typhus est « un agent encore inconnu jusqu'ici, qui est importé exclusivement par les poux dont les Russes, à leur arrivée, étaient presque sans exception fortement infestés ». Or l'autorité allemande ne s'est pas bornée à provoquer, partout, contrairement au désir connu des intéressés, le mélange systématique, au point de vue du couchage, du logement, etc., des Français et des Russes, sous le prétexte ironique « qu'il fallait apprendre aux alliés à se connaître » [2]. Elle a maintenu ce mélange alors que les effets en étaient connus; elle l'a maintenu alors que l'intervention motivée, énergique, persévérante des médecins français, à *Langensalza*, à *Wittenberg*, en réclamait l'abolition. Et le commandant du camp de *Cassel* — il fut déplacé quand l'épidémie commença à atteindre le détachement allemand — aurait tenu ce propos féroce : « Je fais la guerre à ma façon » [3].

Quand l'épidémie se déclare, au début de l'année 1915, il n'y a pas, dans les camps les plus gravement atteints, de médecins français. A *Langensalza* sévit le docteur Kochler, qui, non content de multiplier les fautes grossières, poursuit les infirmiers français de ses brutalités [4]. — A *Cassel-Niederzwehren*, en avril et mai 1915, les médecins passent dans les baraques pleines de typhiques sans jeter un coup d'œil sur les malades. On relevait le matin les hommes qui étaient morts pendant la nuit. Puis, on se décida à réserver dans chaque bataillon une baraque aux soldats atteints ou soupçonnés du typhus : « Je n'oublierai jamais, dit le docteur C..., le découragement affreux et la profonde pitié dont je fus saisi le jour où je fus chargé de faire la visite à la baraque de la 19e compagnie, ainsi transformée en lazaret d'isolement de fortune, et dans laquelle gisaient lamentablement plusieurs centaines de soldats français atteints de typhus, dont beaucoup étaient à l'agonie. L'encombrement était tel que je devais enjamber des moribonds couchés à terre, souvent souillés de leurs déjections [5]. — A *Wittenberg*, ce fut pire, s'il est possible. L'ambassadeur d'Espagne, dans le rapport sur la visite de son délégué, qui eut lieu bien plus tard, le 24 novembre 1915, résume ainsi la

---

[1] Note verbale transmise par lettre n° PG. 21 de M. le Président du Conseil, Ministre des Affaires étrangères, à M. le Ministre de la Guerre, en date du 4 janvier 1916.

[2] Déclarations de grands blessés rapatriés en juillet 1915.

[3] Témoignages de grands blessés rapatriés en juillet 1915.

[4] Rapports du docteur P... (André), du docteur B... (Allain-André), médecin-major de 2e classe, du docteur V... Jean, médecin auxiliaire, rapatriés en juillet 1915.

[5] Rapport du docteur C... rapatrié de *Cassel-Niederzwehren* en juillet 1915.

situation : « Pendant cette douloureuse époque, on a manqué de tout, y compris de lits et de médicaments »[1]. Et comment se les procurer? Dès le mois de février, le camp était abandonné aux seuls prisonniers, médecins et malades, déserté par l'autorité allemande. Le *Stabarzt* se tenait prudemment hors de ses limites. Aucune communication n'existait avec l'extérieur. On envoyait au camp, par un Decauville, la nourriture des prisonniers et les cercueils[2].

Les médecins français rapatriés s'accordent à évaluer le nombre des cas de typhus à *10,000* pour *Cassel-Niederzwehren*, celui des morts à *2,000* ou plus. Le Gouvernement allemand reconnaît qu'il y eut *7,218* malades à Cassel[3]; le nombre total des décès de prisonniers français *par suite du typhus* à la fin de l'épidémie serait de *607;* le nombre total des décès de prisonniers français par suite d'une maladie quelconque, jusqu'au 12 décembre 1915, serait de *1,070*[4]. Le Gouvernement allemand a dû avouer que pendant le seul mois de *mai* 1915, *348* Français sont morts du typhus[5].

A *Langensalza*, d'après l'autorité allemande, le nombre total des prisonniers morts du typhus s'élèverait à *498*[6].

A *Wittenberg*, le Gouvernement allemand avoue *62* décès français causés par le typhus[7]. Le rapport précité de l'ambassade d'Espagne élève ce chiffre à *71*, sur *631* malades. Aux termes du rapport des délégués de la Croix-Rouge sur leur visite au camp de *Wittenberg* au mois d'avril 1916, il y a eu dans ce camp, depuis sa fondation le 23 septembre 1914, plus de *2,000* cas de typhus. *85* Français, dont 3 médecins, sont morts du typhus.

---

(1) Rapport de l'ambassade d'Espagne sur la visite de ses délégués au camp de *Wittenberg*, le 24 novembre 1915.

(2) Renseignements extraits des interrogatoires reçus, sous la foi du serment, des grands blessés rapatriés en septembre et décembre 1915.

(3) Note verbale du Gouvernement allemand, du 30 novembre 1915, transmise par lettre du Président du Conseil, Ministre des Affaires étrangères, en date du 4 janvier 1916.

(4) Note verbale du Gouvernement allemand, du 28 janvier 1916, transmise par lettre n° PG. 518, en date du 24 février 1916, du Président du Conseil, Ministre des Affaires étrangères, à M. le Ministre de la Guerre.

(5) Note verbale du Gouvernement allemand, du 7 décembre 1915, transmise par bordereau n° 71, du 27 janvier 1916, du Ministère des Affaires étrangères.

(6) Note verbale du Gouvernement allemand, du 28 janvier 1916, transmise par le Président du Conseil, Ministre des Affaires étrangères, à M. le Ministre de la Guerre, par lettre n° PG. 518, du 24 février 1916.

(7) Note verbale du Gouvernement allemand, transmise par lettre n° PG. 21, du Président du Conseil, Ministre des Affaires étrangères, à M. le Ministre de la Guerre, du 4 janvier 1916.

Le camp de *Wittenberg-sur-Elbe* (Saxe).

*Régime des prisonniers*, p. 63.

Les chiffres communiqués par l'autorité allemande, bien que notablement inférieurs aux déclarations concordantes des rapatriés, suffisent à établir les effets désastreux d'une épidémie dont elle supporte, seule, l'écrasante responsabilité.

A partir du mois de mai 1915, des médecins français et russes, en grand nombre, furent envoyés à *Cassel-Niederzwehren*, et, avec le concours d'un docteur allemand qui fit preuve d'activité et de dévouement — ce fut le seul — le docteur Rehberg, des mesures de prophylaxie et de désinfection furent prises. Elles amenèrent, au début de juillet, après que leur dévouement eut fait parmi les médecins de nouvelles victimes, la fin de l'épidémie. A *Wittenberg*, l'ambassadeur d'Espagne constate, au mois de novembre, que « le remède est sorti de l'excès même du mal », que « des faits aussi graves ne se reproduisent plus » et que « l'état sanitaire est relativement bon ». Aucun des médecins et infirmiers de Wittenberg n'a été proposé pour l'échange, « quoiqu'il y ait 5 médecins pour 800 prisonniers français, ce qui est une proportion exagérée pour soigner le nombre présumé de malades » [1]. Peut être veut-on, par là, prévenir des témoignages troublants. Mais d'autres se sont fait entendre, et déjà, dans l'histoire de la captivité en Allemagne, le nom de Wittenberg résonne lugubrement.

---

[1] Rapport précité de l'ambassade d'Espagne, sur la visite de ses délégués au camp de *Wittenberg*, le 24 novembre 1915.

# CHAPITRE VI.

## LA DISCIPLINE.

*Règlement de La Haye du 18 octobre 1907.*

Art. 5. — *Les prisonniers de guerre peuvent être assujettis à l'internement dans une ville, forteresse, camp ou localité quelconques avec obligation de ne pas s'en éloigner au delà de certaines limites déterminées; mais ils ne peuvent être enfermés que par mesure de sûreté indispensable et seulement pendant la durée des circonstances qui nécessitent cette mesure.*

Art. 8. — *Les prisonniers de guerre seront soumis aux lois, règlements et ordres en vigueur dans l'armée de l'État au pouvoir duquel ils se trouvent. Tout acte d'insubordination autorise, à leur égard, les mesures de rigueur nécessaires.*

*Les prisonniers évadés, qui seraient repris avant d'avoir pu rejoindre leur armée ou avant de quitter le territoire occupé par l'armée qui les aura capturés, sont passibles de peines disciplinaires.*

*Les prisonniers qui, après avoir réussi à s'évader, sont de nouveau faits prisonniers, ne sont passibles d'aucune peine pour leur fuite antérieure.*

Le principe dominant est, comme pour les autres matières, l'assimilation des prisonniers de guerre aux soldats faisant partie de l'armée de l'État capteur.

## SECTION I.

### LES PRISONNIERS ALLEMANDS EN FRANCE.

Les prisonniers allemands en France sont soumis aux mêmes règles de discipline que les militaires français. Le service intérieur dans les dépôts est établi d'après les règlements du service intérieur des corps de troupes d'infanterie [1]. Des consignes sont établies pour chaque camp; elles sont approuvées par le général commandant la région et affichées dans les dépôts. Les prisonniers sont soumis à des appels qui ont lieu deux fois par jour en hiver et trois fois en été.

---

[1] B. O., 77, art. 71, p. 36.

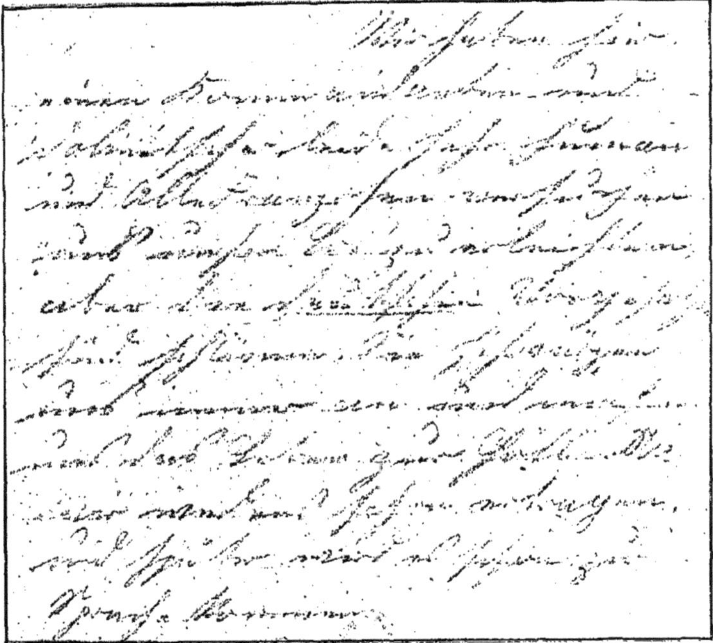

« Nous avons ici un commandant et un interprète qui tous deux sont très humains. Tous les Français du reste cherchent à alléger notre sort. Par contre, les gradés allemands sont mauvais. Ils ne cherchent qu'à nous noircir, et font de notre vie un enfer. Enfin ! Nous le supportons, mais nous en reparlerons plus tard. »

(Extrait d'une lettre du soldat W....., prisonnier au dépôt d'*Oissel* [Rouen].)

**La surveillance dans les dépôts.** — Les ambassadeurs et les délégués des puissances neutres ont constamment noté dans leurs rapports que les relations entre les autorités militaires françaises et les prisonniers étaient empreintes, en même temps que de la réserve qui s'impose, du plus large esprit de justice et du désir d'assurer aux prisonniers le traitement le plus conforme à leur condition. Dès le début de la guerre, on s'efforça de leur laisser le maximum de liberté compatible avec la nécessité de prévenir des évasions. Ainsi, M. de Marval visitant quelques camps du Nord-Ouest (*Belle-Isle, Le Palais, Montfort*) au mois de janvier 1915, dit que « les rapports entre les officiers et les sous-officiers de garde et les prisonniers lui ont toujours paru bons, parfois excellents, voire même empreints d'une certaine bonhomie ». Il constate que, « dans quelques camps, les soldats prisonniers dont on est sûr arrivent même à jouir d'une certaine liberté. Munis de cartes spéciales, ils circulent presque librement dans un certain rayon, se rendent au travail sans accompagnement [1]. Son impression sur les camps visités par lui au mois de février n'est pas moins favorable. « Un coup d'œil sur les quatorze rapports annexés prouvera combien, en général, les prisonniers sont traités avec sollicitude dans les régions parcourues dernièrement par nous. Le règlement paraît être « sévère, mais bon », et la bonté perce partout » [2]. L'ambassade des États-Unis, à la suite des visites de ses délégués en août, septembre et octobre 1915, confirme ces appréciations. A *Saint-Brieuc*, « la situation du camp est excellente, et les rapports entre les autorités et les prisonniers paraissent satisfaisants ». A *Poitiers*, « la situation en général est remarquable; l'officier commandant le camp s'intéresse beaucoup aux prisonniers, et s'efforce d'améliorer leur sort autant qu'il est possible ». A *Auch*, « les relations entre les prisonniers et les chefs du camp sont excellentes » [3]. A *Carpiagne*, en janvier 1916, le délégué de l'ambassade des États-Unis « n'a reçu aucune plainte de la part des prisonniers quant à la façon dont ils sont traités par les officiers français, qui paraissent bons et sympathiques » [4]. M. Davies, délégué du Comité international des associations chrétiennes de jeunes gens, après avoir visité le dépôt de *Belle-Isle* en septembre 1915, résume ses impressions

---

[1] Rapport de M. de Marval sur sa visite aux dépôts de prisonniers de guerre allemands dans les IX$^e$, X$^e$ et XI$^e$ régions, *op. cit.*, 1$^{re}$ série, p. 30.

[2] Rapport de M. de Marval sur sa visite aux dépôts de prisonniers de guerre allemands dans les XIII$^e$, XIV$^e$ et XV$^e$ régions, *op. cit.*, 1$^{re}$ série, p. 50.

[3] Rapport de l'ambassade des États-Unis sur la visite de ses délégués au dépôt d'*Auch*, le 30 octobre 1915.

[4] Rapport de l'ambassade des États-Unis sur la visite de son délégué au dépôt de *Carpiagne*, le 29 janvier 1916.

dans la formule suivante : « If I had a loved one in a prison camp, I could not wish for him a better fate than to be in a camp directed by such liberal humanitarian officers as those directing the depot at Belle-Isle ». « Si un être qui m'est cher était en captivité, je ne pourrais lui souhaiter un sort meilleur que d'être dans un camp dirigé par des officiers aussi généreux et aussi humains que ceux qui dirigent le dépôt de *Belle-Isle* »[1].

**Le culte. Les distractions.** — Des services religieux sont régulièrement organisés dans les dépôts avec le concours des ministres du culte, protestants et catholiques, des localités voisines. Les associations chrétiennes de jeunes gens ont été autorisées, dans les dépôts où la demande a été faite, notamment à *Carpiagne* et à l'*Île Longue*, à construire des baraques « aux fins de la récréation, de l'éducation des prisonniers, et pour leurs besoins sociaux et religieux »[2]. Divers moyens de distraction — jeux de football, de tennis, etc. — sont permis. Autorisés à recevoir, soit de leurs familles, soit des sociétés charitables, tous livres, à l'exclusion des brochures et journaux de leur pays relatifs à la guerre, et tous instruments de musique, à l'exclusion des instruments en cuivre, les prisonniers ont organisé des cours, des concerts. Quelquefois, ainsi à *Belle-Isle*, des journaux sont publiés par eux et vendus à l'intérieur des dépôts. Le délégué de l'ambassade des États-Unis, parcourant, le 21 avril 1916, le dépôt de *Montfort*, trouve dans ce dépôt une bibliothèque de 3,500 volumes, dont 1,500 sont en circulation chaque semaine[3].

**Les punitions.** — Les infractions à la discipline sont punies conformément aux dispositions du *règlement sur le service intérieur* des corps de troupe d'infanterie. Tout prisonnier qui manque à l'appel, sans en avoir obtenu la permission, est puni de prison pour une durée de vingt-quatre heures au moins et de huit jours au plus. Les seules punitions infligées sont l'*emprisonnement* et la *réduction des rations*. Les locaux disciplinaires où se subit l'emprisonnement ont été visités par les délégués des ambassades et de la Croix-Rouge, qui les ont toujours jugés suffisamment spacieux et sans humidité. Les punitions n'ont jamais de caractère collectif; elles atteignent exclusivement le

---

(1) Report on visit to depots of prisoners of war at *Belle-Isle*, by D. A. Davis, delegate of the Worlds Alliance of young Men's Christian Association, 3, rue Général-Dufour, Genève.

(2) Lettre n° PG. 31897, du 11 mars 1916, du Ministre de la Guerre à Monsieur le Général commandant la XI<sup>e</sup> région,

(3) Rapport de l'ambassade des États-Unis sur la visite de ses délégués au dépôt de *Montfort*, le 21 avril 1916.

Cérémonie religieuse à *Aurillac*.

Repas des prisonniers, p. 66.

Noël au dépôt de *Barcelonnette.*

*Régime des prisonniers, p. 66.*

*Aurillac.* (Ecole Albert.) La conférence.

*Régime des prisonniers, p. 66.*

Concert donné par les prisonniers au dépôt du *Palais* (*Belle-Isle*).

*Régime des prisonniers*, p. 66.

coupable, suivant le principe fondamental de la discipline militaire française, qui exclut tout arbitraire.

L'ambassade des États-Unis signale qu'à *Carpiagne* « les punitions sont les mêmes que celles appliquées aux soldats français pour des fautes identiques ». — « Le sous-officier allemand le plus ancien, ajoute le délégué, m'a dit qu'à son avis la discipline du camp n'était pas assez sévère, car *les prisonniers sont loin d'être assujettis à une discipline aussi stricte que celle des soldats dans les casernes en Allemagne* » (1).

**Les tentatives d'évasion et leurs conséquences.** — Tout prisonnier capturé en état d'évasion est ramené par la gendarmerie, de brigade en brigade, au dépôt dont il relève. La peine infligée pour les tentatives d'évasion consiste uniformément dans un encellulement de trente jours, subi dans ce dépôt; puis, le prisonnier est envoyé dans un camp différent, près de Grenoble, où, suivant les constatations de l'ambassade des États-Unis, après une visite du 12 septembre 1915, « la cuisine est installée de façon excellente, la nourriture bonne, les aménagements d'hygiène satisfaisants, etc., mais la surveillance plus étroite » (2).

Pour rendre plus difficiles les tentatives d'évasion, il a été prescrit que, lorsqu'une tentative de ce genre se serait produite dans un dépôt, toutes espèces monnayées seraient retirées aux prisonniers de ce dépôt et remplacées par des bons détachés de carnets à souches. En général, les sommes en espèces laissées à la disposition des prisonniers étaient fixées à un maximum de 10 francs par semaine. Mais, des renseignements étant venus établir que les prisonniers français en Allemagne étaient dépossédés de toute leur monnaie courante, même dans les camps où ne s'était produite aucune évasion, l'emploi des bons à souches a été généralisé dans les dépôts, camps et chantiers de prisonniers de guerre.

**La justice militaire.** — Les peines prononcées pour fait d'*évasion* n'ont jamais eu, conformément à l'article 8 du Règlement annexe à la Convention de La Haye, du 29 juillet 1899, qu'un caractère disciplinaire. Des prisonniers allemands ont dû être condamnés, dans les cas où les conventions internationales le prescrivent, pour des délits de droit commun commis avant leur capture. D'autres ont été frappés pour des délits de droit commun et des

(1) Rapport de l'ambassade des États-Unis sur la visite de ses délégués au dépôt de *Carpiagne*, le 29 janvier 1916.

(2) Rapport de l'ambassade des États-Unis sur sa visite du 12 septembre 1915.

délits militaires (vol, provocation à la désobéissance) commis au cours de leur captivité. Tous les prisonniers condamnés sont soumis, sauf sur un point qui va être précisé, à un régime semblable à celui des Français frappés des mêmes condamnations. Ils sont autorisés à écrire à leurs proches parents une fois par mois au moins, la correspondance à l'arrivée n'étant pas limitée. Ils peuvent recevoir des mandats. Le droit de réception des colis postaux est limité seulement dans les établissements pénitentiaires d'Algérie. Le régime alimentaire dans les camps de prisonniers se trouvant, par l'effet des mesures auxquelles le Gouvernement français a dû recourir le 3 décembre 1915 et le 2 février 1916, inférieur à celui des établissements pénitentiaires, ce dernier a dû être réduit, à l'égard des condamnés allemands [1], pour éviter de donner aux prisonniers un intérêt certain à se faire condamner.

A l'expiration de leur peine, les condamnés sont dirigés sur la 14$^{e}$ région et internés au fort du *Mûrier*, près de *Grenoble*.

## SECTION II.

### LES PRISONNIERS FRANÇAIS EN ALLEMAGNE.

La discipline militaire allemande étant beaucoup plus dure que la discipline française, la simple application de l'article 8 précité du *Règlement de La Haye* devait avoir pour les prisonniers français des conséquences singulièrement pénibles. S'il est vrai, comme on l'a dit parfois, que les prisonniers allemands sourient de certaines mesures dont l'indulgence est prise par eux pour de la faiblesse, on conçoit aisément les tortures morales que d'autres pratiques, répugnant aux mœurs françaises, devaient causer.

**La surveillance.** — Le seul aspect d'un camp de prisonniers allemand, dominé par des canons, cerné par ses mitrailleuses qui le balaieraient en cas d'émeute, entouré de sa triple enceinte de fils de fer électrisés, est une menace. Le voisinage habituel d'une caserne, ainsi à *Celle, Grafenwöhr, Heuberg, Landshut, Sennelager,* facilite le recrutement des gardiens parmi des hommes sur le point d'aller au front et dont les passions sont naturellement excitées contre les Français. Quelquefois, le dimanche, le camp est fréquenté. « De longues théories de visiteurs viennent nous narguer. L'instituteur et ses élèves, même en bas âge, viennent chanter autour du camp. C'est tout un peuple qu'on excite, tels des chiens à la curée. » Dans beaucoup de camps, on n'a pas

(1) Dépêche ministérielle n° PG. 29915, du 20 février 1916.

épargné aux prisonniers cette injure d'assurer leur surveillance à l'aide de chiens de police qu'on affame pour les rendre plus méchants et qu'on laisse pénétrer jusque dans les baraques. L'impression pénible est accentuée par l'abus des formalités inutilement humiliantes : appels multipliés, fouilles honteuses, vêtements ridicules dont on affuble les prisonniers, désinfections pratiquées sans pudeur, sans respect de la dignité humaine; mesures qui laissent l'homme gauche, timide, désemparé, doutant de lui-même et des autres [1].

**Les brutalités.** — Dans les camps où l'autorité du chef est illusoire, comme ce fut le cas à *Sennelager,* ou tyrannique, comme à *Cassel-Niederzwehren,* à *Munsingen,* à *Ohrdruf,* les brutalités se multiplient : coups de cravache, de crosse, sont le lot de quiconque met quelque retard à sortir de sa baraque ou s'approche de la barrière de fils de fer qui sépare les compagnies. A *Landshut,* des officiers allemands accompagnés de sentinelles parcourent les baraques, un revolver chargé à la main : « Nous n'en sommes plus à compter les actes de brutalité commis par les sentinelles et sous-officiers vis-à-vis des nôtres » [2].

A *Altengrabow,* le jour même de la visite de l'Empereur, un soldat du 8e chasseurs est tué d'un coup de baïonnette parce qu'il ne sort pas assez vite des latrines. A *Ohrdruf,* le soldat Bertin, du 1er colonial, est transpercé d'un coup de baïonnette au cœur, pour n'avoir pas compris un ordre. Certaines violences, accomplies par ordre, ont un caractère plus odieux. A *Ohrdruf,* au mois de juin, sous prétexte d'une rixe, à *Wurzburg,* en juillet, à l'occasion d'un concert, à *Cassel-Niederzwehren,* vers le mois d'août 1915, pendant un match de boxe, des charges à la baïonnette viennent disperser les rassemblements, laissant derrière elles des blessés et des morts. A *Wittenberg,* le 9, puis le 20 mai 1915, sous prétexte d'une tentative d'évasion ou d'un retard à l'appel, des fusillades éclatent dans le camp : il y a encore des blessés et des morts. Lorsqu'en septembre 1915 des raids d'avions viennent menacer le grand-duché de Bade et le Wurtemberg, des prisonniers des camps de *Stuttgard* et de *Munsingen* sont extraits de leurs baraques et conduits dans le voisinage d'une poudrière qu'ils doivent protéger de leur présence [3].

---

(1) Ces renseignements sont extraits de très nombreux comptes rendus d'interrogatoires, reçus sous la foi du serment, des grands blessés rapatriés en juillet, septembre, décembre 1915.

(2) Lettre d'un prisonnier du camp de *Landshut.*

(3) Ces renseignements sont extraits des comptes rendus d'interrogatoires reçus, sous la foi du serment, des grands blessés rapatriés.

**Les punitions.** — Les punitions portent la marque d'une discipline qui ne sait pas avertir sans terroriser ou sans avilir. L'*encellulement*, qui est la peine la plus fréquente, se présente sous des formes variées : c'est la *salle de police*, où l'homme couche sur le plancher, réduit au pain et à l'eau pendant trois jours consécutifs; le quatrième il reçoit une paillasse et est remis à l'ordinaire; puis, le régime des trois premiers jours est repris. C'est le *Strengarrest*, où le patient, pendant une durée de trois à quinze jours, est plongé dans l'obscurité complète. C'est, plus rarement, la cage, où l'homme est exposé en plein vent, quel que soit le temps, entre quatre poteaux fermés de ronces artificielles.

Le *poteau* a acquis une triste célébrité. Le prisonnier est ficelé par les chevilles, par la ceinture, les mains liées derrière le dos, à un poteau placé le plus souvent hors des baraquements, face au soleil, et, s'il neige, face à la direction de la neige. La peine comporte des raffinements variés : à *Königsbrück*, où le patient doit se tenir sur la pointe des pieds; à *Gustrow*, où il reste suspendu, les pieds ne touchant pas le sol; à *Stendhal*, où il doit, par un effort continu, maintenir en équilibre le poteau non fiché en terre, le plus gros bout étant en l'air. Elle torture ainsi, pendant deux heures, quatre heures, plusieurs jours de suite, des hommes à qui l'on impute d'avoir fumé dans la baraque, d'avoir *mal* salué un officier, d'avoir tenté d'échapper à une corvée; et des prisonniers sont morts de congestion pour être restés ligotés trop longtemps, par un froid intense, au poteau. Les délégués du Comité international de la Croix-Rouge, dans leur rapport sur leurs visites dans les camps allemands, au mois d'avril 1916, décrivent dans les termes suivants la peine du *peloton avec fardeau*, qui, à *Chemnitz*, a remplacé le *poteau* : « Le prisonnier est emmené sur le terrain d'exécution chargé d'un sac de quinze kilogrammes. Un feldwebel allemand commande un quart d'heure de pas accéléré; un quart d'heure de pas de gymnastique et accéléré; un quart d'heure de pas de gymnastique et de mouvements à genou et couché; un quart d'heure de gymnastique. Entre chaque quart d'heure, le prisonnier a 2 à 3 minutes de repos. Dans certaines compagnies, un adjudant sous-officier français assiste à l'exécution de la peine. »

Pour compléter cet aperçu des supplices dont le pouvoir exagéré des chefs de camps, l'imagination barbare de certains sous-officiers ont enrichi la discipline allemande, on citera ce témoignage d'un neutre, M. Max Barbier, qui, arrêté dans la France envahie, fut arbitrairement interné à *Sennelager*, et rapatrié en juillet 1915. Le récit, emprunté à la *Gazette de Lausanne* du 4 août 1915, concerne donc un camp de civils, où des femmes, des vieillards, des enfants sont internés : « La sévérité est extrême pour le moindre manquement

Le poteau au camp d'*Ohrdruf*.

Le commandant du camp de *Soltau*, accompagné d'un chien de police, passe devant le poteau auquel deux prisonniers sont liés.

*Régime des prisonniers, p. 70.*

à la discipline du camp. Les punitions sont atroces. Il y a le *toit* : le coupable est hissé, jambes nues, sur le toit couvert de carton goudronné d'une baraque, et il y est laissé au soleil; la victime est obligée de lever alternativement les pieds brûlés au contact du toit. Il y a le *sac* : l'homme est chargé d'un sac de 30 kilos de briques, et, avec deux briques dans chaque main, il doit courir autour de l'enclos jusqu'à l'épuisement. Quand il tombe, on commence par le bourrer de coups de crosse, après quoi on l'emporte évanoui et on l'abandonne sur son grabat. Il y a enfin la *brosse* : pour ce supplice, il y a un bourreau officiel, un grand gaillard fort comme un hercule... Muni d'une brosse énorme, très dure, il déshabille le condamné au bord de la rivière et le frotte jusqu'au sang. Les officiers et sous-officiers contemplent ce spectacle d'un regard satisfait. Gare à qui n'exécute pas la consigne de cruauté qu'ils prononcent! »

**Les peines infligées aux évadés. La justice militaire allemande.** — Le traitement des évadés est un des abus les plus odieux de l'autorité allemande. Aux prisonniers coupables ou soupçonnés de tentatives d'évasion, il n'est pas de vexations qu'on ne ménage : port de vêtements spéciaux de couleur voyante, obligation de se raser la moitié de la tête, brutalités, etc. Par une iniquité contre laquelle le Gouvernement français a dû s'élever à plusieurs reprises, pour des tentatives individuelles d'évasion, des punitions collectives ont été infligées aux prisonniers de tout un camp : ainsi la privation de nourriture dont ont souffert pendant vingt-quatre heures, en septembre 1915, sur l'initiative du lieutenant Panewitz, les 2,000 Français du camp d'*Heuberg*, parmi lesquels 300 invalides. On a rappelé la fusillade du camp de *Wittenberg*.

La peine individuelle de l'évasion, telle qu'elle est conçue et appliquée par l'autorité allemande, est parfois un défi à l'humanité. Jusqu'au mois de septembre 1915, en violation certaine de l'article 8 du Règlement de La Haye, qui ne permet, pour le fait d'évasion, que des peines disciplinaires, les prisonniers coupables ou soupçonnés d'avoir voulu s'enfuir ont été condamnés par les conseils de guerre. Le 30 septembre 1915, une note verbale du Gouvernement allemand reconnaît l'irrégularité de ces pratiques, et permet d'en espérer la fin. Or, si la peine d'emprisonnement, devenue peine disciplinaire, se réduit désormais, en principe, à une durée de quinze jours à trois semaines, elle peut être arbitrairement prolongée par la *Sicherheitshafe*, subie notamment à la forteresse de *Hohen-Asperg* : c'est là que sont rassemblés, dans une compagnie unique, les prisonniers des divers camps du *Wurtemberg* accusés de délits (insubordination, vol, etc.) et ceux qui sont coupables de tentatives d'évasion. Avec ses corridors obscurs, ses voûtes où les rayons solaires ne pénètrent pas, ses grandes portes à verrous, la citadelle cause une impression pénible. Dans ses caves sont des cachots, cellules ne recevant le jour que d'une lucarne : on la ferme pour plonger dans l'obscurité complète les prisonniers jugés passibles de la peine la plus sévère. — Dans le courant de l'année 1916, le Gouvernement français a dû s'élever à plusieurs reprises contre des condamnations qui, en violation des assurances précédemment données, ont été prononcées pour tentatives d'évasion : les autorités impériales ont relevé dans ce but, comme des chefs d'accusation distincts, certaines circonstances, telles que l'accord intervenu entre les inculpés, le fait de s'être procuré une boussole, une lanterne électrique, d'avoir creusé un souterrain, qui sont le préliminaire presque obligé d'une évasion et ne peuvent, en équité ni en droit, en être séparées.

Le régime de la prison allemande, appliqué aux prisonniers de guerre frappés de condamnations, est exceptionnellement rigoureux : suppression presque complète de la correspondance, réduite, dans les prisons de *Dietz-sur-Lahn*[1] et de *Rheinbach*[2], à une lettre tous les trois mois; interdiction des envois de vêtements et de vivres, notamment dans les prisons de *Rheinbach*[3], de *Cologne*[4], de *Dietz-sur-Lahn*[5]. Le résultat se dégage suffisamment des termes d'un rapport de l'ambassade d'Espagne sur la visite de son délégué à la forteresse de *Cologne*, le 1er mai 1916 : « En ce qui concerne l'alimentation, le délégué soussigné exprime les mêmes opinions que dans le rapport relatif à la *Strafanstalt* de *Rheinbach*. Il serait extrêmement utile que

---

(1) Rapport de l'ambassade d'Espagne sur la visite de ses délégués à *Dietz-sur-Lahn*, le 27 avril 1916. Dans cette prison, le droit de correspondre a été élargi, depuis le 23 janvier 1916.

(2) Une lettre écrite par un prisonnier de *Rheinbach*, le 28 novembre 1915, porte, en tête, la mention imprimée suivante : *Das Schreiben ist den Gefangenen nur alle drei Monate und zwar auch nur bei straffreier Führung gestattet, ebenso dürfen dieselben in der Regel auch nur alle drei Monate einen Brief empfangen.* « Le droit d'écrire n'est accordé aux prisonniers que tous les trois mois et à condition qu'ils ne soient pas punis. De même, ils ne doivent, en principe, recevoir de lettre que tous les trois mois » (Lettre mentionnée dans la lettre n° 29814 PG., en date du 29 février 1916, du Ministre de la Guerre à Monsieur le Président du Conseil, Ministre des Affaires étrangères).

(3) Rapport de l'ambassade d'Espagne sur la visite de ses délégués à la prison de *Rheinbach*, le 29 avril 1916.

(4) Rapport de l'ambassade d'Espagne sur la visite de ses délégués à la prison de *Cologne*, le 1er mai 1916.

(5) Rapport de l'ambassade d'Espagne sur la visite de ses délégués à *Dietz-sur-Lahn*, le 27 avril 1916.

Camp de *Hohen-Asperg* : les fenêtres grillées.

la punition de ces prisonniers n'eût pas d'influence sur leur nutrition, et qu'on leur permît de recevoir des colis contenant des aliments. Que l'on aggrave leur peine, si on le juge nécessaire, mais autrement qu'en les laissant avoir constamment un appétit excessif, ce qui peut occasionner de graves perturbations organiques et des maladies qui frappent toujours les constitutions anémiées par le manque de nutrition ». — C'est la mort lente.

**Atténuation au régime général de la discipline. Les distractions. Conclusion.** — Une conclusion s'impose. Sans doute, depuis le début de la guerre, les interventions réitérées du Gouvernement français, les observations des neutres, l'évolution qui s'est dessinée dans l'esprit public allemand, ont amené une atténuation au régime disciplinaire dans quelques camps. Les brutalités restent fréquentes dans les détachements de travail, « où les sous-officiers et les sentinelles livrés à eux-mêmes peuvent être parfois très durs avec les prisonniers »[1]. Il semble qu'elles perdent leur caractère habituel dans les camps principaux[2], où la surveillance est aussi moins tyrannique qu'au début de la guerre. Le long ennui de la captivité a pu être trompé par des distractions tolérées, concerts, représentations théâtrales, publication de journaux, organisation, à *Friedrichsfeld* et à *Göttingen* notamment, de cours et de conférences d'où l'esprit de propagande germanophile n'est jamais exclu. L'ingéniosité de certaines initiatives, entourées d'une réclame habile, a pu faire naître des illusions et trouver des admirateurs. Le traitement des évadés, celui qui atteint, comme on va le voir, les prisonniers dont le patriotisme répugne à l'exécution de certains travaux, témoignent qu'en dépit de ces apparences, la discipline allemande n'a rien perdu de l'utilitarisme féroce qui est un de ses aspects les plus révoltants.

---

(1) Rapport de la Croix-Rouge internationale sur la visite de ses délégués dans quelques camps allemands, au mois d'avril 1916.

(2) Même rapport.

# CHAPITRE VII.

## LES TRAVAUX.

*Règlement de La Haye du 18 octobre 1907. — Art. 6. L'État peut employer, comme travailleurs, les prisonniers de guerre, selon leur grade et leurs aptitudes, à l'exception des officiers. Les travaux ne seront pas excessifs, et n'auront aucun rapport avec les opérations de la guerre.*

*Les prisonniers peuvent être autorisés à travailler pour le compte d'administrations publiques ou de particuliers, ou pour leur propre compte.*

*Les travaux faits pour l'État sont payés d'après les tarifs en vigueur pour les militaires de l'armée nationale exécutant les mêmes travaux, ou, s'il n'en existe pas, d'après un tarif en rapport avec les travaux exécutés.*

*Lorsque les travaux ont lieu pour le compte d'autres administrations publiques ou pour des particuliers, les conditions en sont réglées d'accord avec l'autorité militaire.*

*Le salaire des prisonniers contribuera à adoucir leur position et le surplus leur sera compté au moment de leur libération, sauf défalcation des frais d'entretien.*

L'utilisation de la main-d'œuvre des prisonniers de guerre est de la plus haute importance au point de vue économique et social. Elle est nécessaire à l'entretien de la santé physique et morale des prisonniers, quand la guerre se prolonge. Elle constitue, pour l'État capteur, un moyen de remplacer la main-d'œuvre nationale absente, de fournir à l'industrie et à l'agriculture une partie des bras qui leur manquent. Elle représente enfin le procédé le plus normal et le plus juste permettant de récupérer les frais que l'entretien des prisonniers occasionne.

### SECTION I.

#### LES PRISONNIERS ALLEMANDS EN FRANCE.

Dès le mois d'octobre 1914, des efforts étaient tentés par le Ministre de la Guerre auprès des administrations publiques pour les engager à expérimenter

L'épluchage des pommes de terre au camp de *Willamez* (*Belle-Isle*).

*Régime des prisonniers*, p. 75.

cette main-d'œuvre [1]. Après une période d'opposition qu'expliquent suffisamment les atrocités qui ont suivi l'invasion allemande, le sentiment de répulsion qu'elles ont soulevé dans le pays, ces premières difficultés ont été vaincues. Dès le mois de *mai 1915*, les établissements publics, départements et communes, se disputaient une main-d'œuvre insuffisante à répondre à tous les besoins.

**L'organisation du travail au début de la guerre.** — L'organisation du travail, à laquelle le Ministre de la Guerre a dû pourvoir, s'est caractérisée d'abord par une large décentralisation. Les préfets, les généraux commandants les régions recevaient les pouvoirs les plus étendus pour traiter au mieux des intérêts respectifs du Département de la Guerre et des administrations civiles intéressées, le Ministre se réservant seulement le droit de contrôle. Le régime est alors le suivant : les prisonniers sont mis à la disposition des administrations publiques, mais les traités ne sont jamais passés avec de simples particuliers : on prévient par là toute inégalité injuste dans le régime des travailleurs, et l'on évite l'absorption, par des entreprises privées, d'une main-d'œuvre que l'intérêt national réclame [2]. Le Département de la Guerre s'abstient d'imposer, pour les contrats à intervenir, une formule trop rigide, mal adaptée à la diversité des situations économiques. Comme prix de la main-d'œuvre, il réclame strictement la somme représentative de l'entretien des prisonniers : la nourriture est évaluée à 1 fr. 03 par jour et par prisonnier, l'habillement à 0 fr. 20, le chauffage et l'éclairage à 0 fr. 14, soit au total une somme journalière de 1 fr. 37, à laquelle on ajoute les centimes de poche (0 fr. 20 à 0 fr. 40 par jour) destinés au prisonnier à titre d'encouragement et de récompense [3]. Les modalités du contrat varient, suivant que l'établissement employeur prend ou non à sa charge le logement et l'alimentation des prisonniers. Il est tenu compte, pour le détail, de la nature des travaux entrepris, des coutumes et des possibilités de chaque région [4].

**Nature des travaux.** — Travaux d'amélioration agricole dans certains départements de la Bretagne et de la Corse; réfection et construction de lignes de chemins de fer, exploitation de carrières; construction de chemins et de

---

[1] Tél. m[el] 11094 1/11, du 14 octobre 1914; D. M. 558 6/10, du 23 octobre 1914.

[2] D. M. 558 6/10 du 23 octobre 1914 et D. M. 10566 6/10 du 6 juillet 1915.

[3] D. M. 5621 6/10 du 3 avril 1915 et D. M. 7021 6/10 du 2 avril 1915.

[4] Les différents types de contrats sont prévus par la D. M. 22207 6/10 du 19 novembre 1915.

routes; exploitation des forêts dont les bois sont utilisés pour les traverses de chemins de fer; déchargement de navires dans les ports de commerce : l'énumération précédente représente à peu près l'ordre successif des affectations, pour lequel il est tenu compte de l'importance relative des besoins économiques. Elle montre la variété de ces affectations : le nombre des prisonniers employés à des corvées ou à des travaux dans les ateliers établis à l'intérieur des dépôts est réduit au minimum.

**La condition des travailleurs.** — Cette énumération montre enfin que tout emploi de la main-d'œuvre contraire aux intentions du législateur de La Haye — travaux excessifs, travaux en rapport avec les opérations de la guerre — a été rigoureusement exclu. Les délégués des ambassades et de la Croix-Rouge ont constaté dans de nombreux rapports la condition satisfaisante des travailleurs. M. de Marval, après son voyage de janvier 1915, dit que « les administrations militaires régionales sont particulièrement soucieuses de procurer aux travailleurs des cantonnements convenables (fermes entourées d'un enclos facile à surveiller), une alimentation qui m'a paru très suffisante, de petites infirmeries locales, une bonne eau, ce qui est parfois difficile, et des installations de w. c. convenables »[1]. En Algérie et Tunisie (février 1915), « le travail est léger et facile, j'irai presque jusqu'à prétendre qu'il est une récréation. Tel qu'il a été organisé, soit dans les ateliers (charronnage, cordonnerie, menuiserie, natterie, etc.), dans les chantiers de terrassement (ligne des oasis d'*Ourmache* à *Ourlal* et *Toga*), il n'est point pénible »[2]. En octobre 1915, les délégués de l'ambassade des États-Unis trouvent, dans les environs de *Riom*, « la plupart des prisonniers travaillant dans les fermes. Ils reçoivent de la nourriture supplémentaire, un litre de vin extra et un franc par jour. Ils travaillent effectivement huit heures ». De même, près de *Cahors*, « plusieurs prisonniers peuvent travailler chez les paysans et gagnent ainsi 1 fr. 50 par jour [3]. Au reste, le régime des prisonniers travaillant en France n'a pas soulevé d'objections de la part des autorités allemandes. Les réclamations concernent seulement le travail des prisonniers au *Dahomey* et au *Maroc*, où ils seraient gardés par des noirs et souffriraient d'un climat malsain. Elles ont

---

[1] Rapport de M. de Marval sur sa visite aux dépôts de prisonniers de guerre allemands dans les IX$^e$, X$^e$ et XI$^e$ régions, *op. cit.*, 1$^{re}$ série, p. 29.

[2] Rapport de M. de Marval sur sa visite aux dépôts de prisonniers de guerre allemands en Algérie et Tunisie en février 1915, *op. cit.*, 2$^e$ série, p. 8.

[3] Rapport de l'ambassade des États-Unis sur les visites de ses délégués aux dépôts de *Riom*, *Le Peyrat*, près de *Cahors*, le 30 octobre 1915.

Prisonniers travaillant au canal, à *Orléans.*

*Régime des prisonniers*, p. 76.

servi, comme on le verra, de prétexte à l'odieuse institution des camps de représailles. On se dispensera d'insister sur le grief concernant la garde des noirs qui serait attentatoire à la dignité humaine! Il est étrange dans la bouche de ceux qui confient habituellement à des chiens de police la surveillance des soldats français! Il s'explique simplement par la sourde irritation qu'inspire à l'Allemagne la diminution de son influence et de son prestige dans les pays musulmans. Quant aux effets du climat, il est permis de rappeler que les seuls prisonniers allemands internés au Dahomey étaient des coloniaux, capturés au Cameroun, que la température de ces régions ne pouvait surprendre; qu'ils ont été ramenés en France dès que leur transfert est devenu possible, au mois de juillet 1915. Au Maroc, où les prisonniers sont internés, comme on l'a vu, dans les régions les plus saines, la limitation de la journée de travail, qui ne dépasse pas sept ou huit heures, l'établissement pendant la saison chaude d'une sieste quotidienne garantissent la complète innocuité de ce mode d'utilisation de la main-d'œuvre. Et M. de Marval, dans son rapport sur sa visite des mois d'avril et mai aux camps du Maroc, conclut que « ni le genre, ni la qualité du travail ne peuvent être considérés comme excessifs, et les prisonniers ne s'en plaignent pas »[1]. MM. Blanchod et Speiser signalent aussi, dans leur rapport, que les travaux sont organisés de la façon la moins pénible, les chantiers étant toujours à proximité du camp — le plus éloigné à une demi-heure de marche — et les prisonniers étant libres de rentrer au camp pour le repas de midi. « Les heures de travail réglementaire sont de 7 à 11 heures et de 1 à 5 heures en hiver, avec dix minutes de repos par heure. En été, une sieste, de 10 à 3 heures, est obligatoire; les commandants ont la latitude de supprimer, même complètement, le travail pendant les jours de sirocco, de pluie, ou de chaleur spéciale. » On peut juger, par ce qui précède, du bien-fondé des allégations qui ont servi de prétexte au Gouvernement allemand pour astreindre, au mois de juillet 1915, des milliers de prisonniers français, — les moins aptes par leur profession, leur constitution, à supporter ce genre de travail, — au défrichement épuisant des marais, pour les déporter, au mois de juin 1916, dans les régions désolées de la Courlande et de la Pologne envahies.

**Les travaux en rapport avec les opérations de la guerre.** — L'article 6 du Règlement de La Haye, en tant qu'il interdit l'emploi des prisonniers à des travaux en rapport avec les opérations de la guerre, n'était pas mieux

[1] Rapport de M. de Marval sur sa visite aux dépôts de prisonniers de guerre allemands au Maroc, avril-mai 1915, *op. cit.*, 3e série, p. 14.

respecté par les autorités allemandes : des témoignages, qui parurent se multiplier à partir de juin et juillet 1915, établirent qu'un nombre de plus en plus grand de prisonniers français étaient occupés de force, dans les usines, à la fabrication des obus. Le Gouvernement français avait toujours interdit une pratique qui constitue la plus douloureuse injure au patriotisme des prisonniers [1] ; et lorsqu'au mois de septembre 1915 un rapport de l'ambassade des États-Unis concernant le dépôt de *Caen* parut établir que, dans ce dépôt, les prisonniers étaient employés à la confection de souliers pour l'armée française, des instructions furent immédiatement données pour mettre fin à cet emploi de la main-d'œuvre. On ne pouvait néanmoins, pour l'honneur de principes que l'autorité allemande avait depuis longtemps sacrifiés, laisser subsister une inégalité qui mettait en péril les intérêts de la défense nationale. A la suite de nombreuses protestations demeurées sans réponse, le Gouvernement allemand fut informé, au mois d'octobre 1915, que le Gouvernement français se considérait comme dégagé des obligations mises à sa charge par les conventions internationales, en ce qui touche l'emploi des prisonniers à des travaux en rapport avec les opérations de la guerre [2]. Un certain nombre d'entre eux ont été affectés, depuis ce moment, à des travaux tels que : constructions de poudreries et d'ateliers de chargement, coupes de bois destinés à la production de traverses de chemins de fer et de piquets de réseaux pour la zone des armées [3]. De nouveaux renseignements ayant établi que les autorités impériales persévéraient, en l'aggravant, dans leur pratique antérieure, et que des prisonniers français, toujours plus nombreux, étaient contraints de travailler dans les fabriques de munitions, le Gouvernement français a notifié, dans les premiers jours de mai 1916, son intention d'user à cet égard aussi de réciprocité, les mesures envisagées ne devant prendre fin que lorsque le Gouvernement allemand aurait donné l'assurance et fourni des garanties d'une application loyale des traités internationaux.

**La nouvelle organisation du travail.** — Le nouvel emploi de la main-d'œuvre a rendu nécessaire une réorganisation du travail. Les demandes allaient croissant, tandis que, jusqu'aux événements de Champagne et d'Artois, les disponibilités étaient sensiblement les mêmes.

---

[1] D. M. 10407 1/11 du 3 mai 1915 interdisant l'emploi des prisonniers à la manutention des munitions, des explosifs, au chargement du matériel de guerre.

[2] Lettre 19662 6/10 en date du 18 octobre 1915 du Ministre de la Guerre à M. le Président du Conseil, Ministre des Affaires étrangères.

[3] D. M. 26163 6/10 du 10 janvier 1916.

Une répartition des travailleurs absolument adéquate aux besoins était nécessaire, et ne pouvait se concilier avec le pouvoir excessif laissé jusque-là aux régions. D'un accord intervenu entre les services intéressés des ministères est résulté un programme de travail qui donne la priorité aux entreprises travaillant pour la Défense nationale, pour les travaux publics et pour l'agriculture [1]. L'emploi de la main-d'œuvre ayant donné un bon rendement, le prix, qui, à l'origine, avait été fixé très bas, a pu être relevé. Un cahier des charges type, destiné à régir les conventions pour l'emploi des prisonniers de guerre, a été rédigé et adressé aux régions. Ce texte tend à rapprocher autant que possible, suivant l'esprit des conventions de La Haye, les salaires des prisonniers de ceux qui sont payés aux ouvriers civils de la même région. On sait que, par mesure de réciprocité, la ration alimentaire des prisonniers travailleurs a dû être réduite, mais l'employeur pouvant allouer des centimes de poche supplémentaires garde la faculté de les convertir en ration de nourriture. Les résultats précédents sont consacrés par la circulaire du 10 janvier 1916 qui réserve au service des prisonniers du Ministère de la Guerre, après consultation des services intéressés, le pouvoir de décision concernant l'emploi de la main-d'œuvre des prisonniers [1].

## SECTION II.

### LES PRISONNIERS FRANÇAIS EN ALLEMAGNE.

**L'organisation du travail.** — Les nombreux intérêts que présente l'utilisation de la main-d'œuvre des prisonniers de guerre ont été compris aussi nettement en Allemagne qu'en France. Lorsqu'aux mois de septembre et d'octobre 1914 les prisonniers capturés lors de l'invasion affluèrent dans les camps d'internement, la plupart de ces camps étaient à l'état de terrains nus. Les travailleurs furent donc employés au montage des tentes, puis à la construction des baraques. Aujourd'hui, les prisonniers demeurés dans les camps sont astreints à des corvées diverses : épluchage de pommes de terre (*leichte Arbeit*), empierrement et entretien des routes (*schwere Lagerarbeit*). Certains ont des emplois fixes : ceux, par exemple, d'interprète, comptable, cuisinier. Mais, dès le mois de mars 1915, l'autorité allemande avait pris l'initiative de mettre au service des administrations provinciales et communales un certain nombre de prisonniers qui furent affectés à des travaux de défrichement, terrassement, construction de routes, de canaux, d'hôpitaux; cette pratique

---

[1] D. M. 26163 6/10 du 10 janvier 1916.

est encouragée par une circulaire du Ministre des Travaux publics, le Dr von Breitenbach, rapportée dans la *Gazette de l'Allemagne du Nord*, du 12 avril 1915. — Contrairement à la règle que s'est imposée le Gouvernement français, l'autorité allemande s'est réservé la possibilité de conclure des contrats pour l'emploi de la main-d'œuvre des prisonniers, soit avec les particuliers, soit avec les sociétés privées. C'est ainsi que beaucoup sont affectés à des travaux agricoles; d'autres sont employés chez des cordonniers, boulangers, forgerons. D'autres — trop nombreux — sont occupés dans les fabriques, usines métallurgiques, et usines de produits chimiques. D'autres, enfin, travaillent dans les carrières, usines de charbon et mines de sel, et dans les marais.

**La condition des travailleurs.** — Le salaire est très variable. Les ouvriers agricoles ne touchent que 30 à 40 pfennigs par jour, les travailleurs des mines et carrières 90 pfennigs au maximum. Dans les usines, où les prisonniers sont, en violation des conventions internationales, employés à des travaux intéressant l'armée, on s'attache à les attirer par l'élévation des salaires qui montent quelquefois jusqu'à 2 marks 35, 2 marks 75. Ce renseignement est extrait des « *Empfangsbestätigungen über Verdienstanteile der französischen Kriegsgefangenen* », documents communiqués par le Gouvernement allemand au mois de juin 1915.

La nourriture dans les détachements de travail est moins mauvaise que dans les camps; mais elle est presque toujours insuffisante à réparer les forces des travailleurs. A titre d'exemples récents, on peut citer la *Karantäne Anstalt Groepelingen* à Brême, *Industriehaven*, visitée par les délégués de l'ambassade d'Espagne, à la date du 28 janvier 1916, où les prisonniers sont nourris uniquement de trois soupes par jour, et reçoivent trois fois par semaine de la viande hachée; le détachement d'*Osterwald-Meyenfeld*, visité le 29 janvier 1916, où ils obtiennent un café le matin, deux soupes dans la journée, une fois par semaine de la viande salée (pökelfleisch) et deux fois seulement de la viande fraîche, etc. La rétribution et l'alimentation des prisonniers sont à la charge de l'employeur, qui verse en outre à l'État une somme globale fixée pour chaque espèce en tenant compte du salaire normal des ouvriers de la région, de la valeur du travail des prisonniers [1]. Ainsi l'État ne se borne pas à récupérer les frais d'entretien. L'emploi de la main-d'œuvre des prisonniers est pour lui la source d'un bénéfice.

---

[1] Ordonnance du général commandant la XIIIe région, rapportée dans l'*Oberschwäbischer Anzeiger* (Ratisbonne) du 1er avril 1915.

Prisonniers français travaillant à la construction d'une digue.

Régime des prisonniers, p. 81.

**Le travail dans les marais.** — Le sort des travailleurs varie beaucoup, et dépend dans une large mesure des dispositions de l'employeur. Au lieu que les ouvriers agricoles ont bénéficié quelquefois, auprès des habitants de certaines localités, d'un traitement que l'autorité militaire a jugé trop favorable [1], les travaux dans les marais, dans les carrières, dans les mines et les fours à coke, sont particulièrement durs. L'emploi systématique et constant de prisonniers au défrichement de terrains marécageux a été dénoncé depuis longtemps par les autorités françaises comme une violation scandaleuse de l'article 6 du Règlement de La Haye, qui interdit les travaux excessifs. Mais on se trouvait en présence d'un dessein froidement conçu, méthodiquement poursuivi, en vue d'utiliser pour l'exploitation des régions les plus malsaines de l'Allemagne la main-d'œuvre des prisonniers, fût-ce aux dépens de leur santé et de leur vie. On en suit aisément les phases successives. Dès le mois de novembre 1914, un article de la *Gazette de Francfort* contient le texte d'un décret du 7 novembre concernant « la constitution d'associations pour l'amélioration des terres dans les marais, landes et terrains analogues » et mentionne l'emploi de 1,500 prisonniers à des travaux de drainage dans le Hanovre [2]. Pendant l'hiver 1914-1915, des prisonniers français travaillent dans les marais de *Soltau* (nombreux témoignages de rapatriés). Au début de juillet 1915, 15,000 prisonniers, choisis de préférence parmi ceux qui appartiennent à des professions libérales, sont envoyés brusquement dans des camps du Hanovre et du Schleswig (*Neuenkirchen, Meyenburg, Wiesmoor*), où ils sont affectés exclusivement au défrichement des marais. On les invite à informer leurs familles que ces mesures sont prises par représailles, à raison de l'internement de prisonniers allemands au Dahomey et au Maroc. On sait ce qu'il faut penser de ce prétexte. Lorsqu'à la suite d'une intervention énergique du Gouvernement français, les « camps de représailles » furent évacués, en septembre 1915, le travail dans les marais ne prit pas fin, bien au contraire. Des prisonniers français, de plus en plus nombreux, sont aujourd'hui réunis dans les régions malsaines de la Westphalie et du Hanovre, à *Heseppe, Wiesmoor,* où des plaintes répétées des familles, les témoignages nombreux des médecins et des grands blessés rapatriés les montrent travaillant les pieds dans l'eau, chaussés de sabots ou de bottes insuffisantes, maigrement nourris, pour une paye de 30 pfennigs par jour! Les délégués de l'am-

---

(1) Articles de la *Gazette de Cologne* du 23 avril 1915, de la *Frankfurter Zeitung* du 8 septembre 1915.

(2) Lettre du Ministre de France aux Pays-Bas à M. Delcassé, Ministre des Affaires étrangères, en date du 18 novembre 1914.

bassade d'Espagne, dans leurs visites des mois de novembre et décembre 1915, de février 1916, constatent qu'à *Puchheim* le travail s'effectue dans l'eau; qu'à *Weitmoos-Eggstätt* le travail, qui dure huit heures, s'effectue dans l'eau lorsqu'il faut creuser des fossés, ou dans la terre mouillée; que, pour ce travail, les prisonniers ne disposent pas de chaussures appropriées; que le salaire est réduit à 19 pfennigs par jour; qu'à *Werben* le camp lui-même, situé sur un terrain plat, sans végétation, de nature argileuse et molle est couvert de flaques d'eau, et que les prisonniers n'ont, pour se défendre contre le froid et l'humidité, qu'une maigre couverture!... Dans quelques-uns de ces camps, les réclamations immédiates des représentants de l'ambassade d'Espagne ont apporté quelque adoucissement à leur sort.

**Le travail dans les mines.** — Le sort des travailleurs affectés au défrichement des marais paraît acceptable, si l'on en rapproche la vie des prisonniers occupés dans les mines. Dans le courant de l'année 1915, des plaintes plus ou moins discrètes émanant des prisonniers ou de leurs familles, certaines déclarations de rapatriés avaient permis d'entrevoir la fréquence des maladies — maladies d'yeux ou maladies cutanées — contractées dans les mines de sel, des accidents du travail qui se produisent dans les mines de charbon. Malheureusement, la surveillance étroite exercée par l'autorité allemande sur la correspondance des prisonniers, les difficultés opposées à la pénétration des délégués neutres dans les mines n'avaient laissé deviner, en France, qu'une faible part de la vérité. Le rapport des délégués du Comité international de la Croix-Rouge qui, sur la demande formelle du Gouvernement français, se sont livrés dans le courant du mois d'avril 1916 à une enquête approfondie, contient, sur la vie des mineurs, des révélations infiniment douloureuses.

Il convient de souligner d'abord la portée de ces révélations. Les délégués de la Croix-Rouge estiment en effet que le nombre des prisonniers occupés dans les mines ou dans les usines (dont il sera question plus loin) représente un tiers environ de la population totale des prisonniers. « Dans la région du 7ᵉ corps d'armée (*Werl-Senne-Munster-Friedrichsfeld*), plus de 60 mines occupent des prisonniers français : et c'est le cas partout où il y a des mines ». Comme ceux qui travaillent dans les marais, ces hommes appartiennent à toutes les professions : ainsi dans les mines de *Ewald* : « Nous avons vu des cultivateurs, des tailleurs, des coiffeurs, des imprimeurs; des employés de bureau, un étudiant en théologie étaient dans la mine également ». Dans la mine de lignite *Atzendorf* (Prusse), il n'y a pas un mineur de profession!

Veut-on savoir l'emploi du temps des mineurs ainsi recrutés? La durée de

Camp de *Weitmoos-Eggstätt* : terrains drainés par les prisonniers.

Französische Gefangene bei der Wiederherstellung des von den Franzosen gesprengten Eisenbahntunnels von Montmedy.

Prisonniers français travaillant à la reconstruction du tunnel de chemin de fer de *Montmédy* détruit par les Français.

(Photographie sur carte postale vendue à Trèves au mois de décembre 1914.)

la journée de travail n'est jamais au-dessous de huit heures. Dans la mine de potasse de *Rotenfeld Hesslingen* (Brunschwieg), l'équipe de nuit travaille de 10 heures du soir à 6 heures du matin. Dans la mine de potasse de *Stassfurt* (Prusse), « certains prisonniers qui travaillent avec un mouchoir sur la bouche, dans la poussière de potasse, demandent à changer de travail ». Dans la mine de houille de *Ewald* (Westphalie) où les prisonniers, dans les galeries d'avancement, travaillent le torse nu, courbés en deux, dans une température élevée et avec une aération restreinte, « le travail pour chacune des équipes dure huit heures, auxquelles il faut ajouter une heure et demie de marche pour aller au travail et en revenir. Deux fois par semaine, pour rattraper la journée du dimanche, la durée du travail est de douze heures ». Les hommes qui refusent de travailler douze heures par excès de fatigue sont obligés de rester dans la mine; ils se couchent dans la houille et ne peuvent remonter à la surface que lorsque les douze heures sont révolues.

Le résultat de ces traitements infligés à des hommes que rien n'a préparés à un tel métier ne saurait surprendre. On continue à citer textuellement le rapport : « Dans la mine de houille de *Ewald* (où se trouvent 650 prisonniers, dont 285 Français), 40 malades se présentent en moyenne chaque jour à la visite médicale. Beaucoup d'accidents du travail. Il y a habituellement une moyenne de 10 p. 100 de malades et d'accidentés ». Dans les mines, disent les auteurs du rapport, où nous avons essayé d'établir une statistique, nous avons trouvé que le *40 p. 100 environ des prisonniers a déjà dû être évacué pour accidents, maladies, faiblesse, inaptitude au travail.*

On verra plus loin le trait le plus pénible peut-être dans la vie de ces prisonniers : l'impossibilité où l'autorité allemande les a mis de faire connaître leur sort à leurs familles.

**Les travaux en rapport avec les opérations de la guerre.** — L'emploi des prisonniers à des travaux en rapport avec les opérations de la guerre n'est pas moins caractéristique d'une méthode qu'aucun scrupule de justice internationale ou d'humanité ne fait hésiter, lorsqu'il s'agit de satisfaire un intérêt allemand. Une photographie sur carte postale en vente à Trèves dès le mois de *décembre 1914* représente des prisonniers français occupés, à *Montmédy*, à la reconstruction d'un tunnel de chemin de fer détruit par l'armée française : c'est déjà un aveu. De février à juillet 1915, d'innombrables témoignages venant soit des rapatriés, soit de lettres envoyées d'Allemagne, établissent l'emploi des prisonniers au chargement et à la manutention des obus, à des travaux de mécaniciens dans des dépôts d'artillerie; plus de 1,500 Français sont employés de force dans les usines Krupp, à *Essen*, et leurs succursales.

Au mois d'avril 1916, sur l'invitation expresse du Gouvernement français, les délégués du Comité international de la Croix-Rouge demandent à pénétrer dans les usines où des prisonniers de guerre français sont employés. L'autorité allemande s'oppose à ces visites dans toutes celles où *un intérêt militaire est en jeu.* Encore un aveu. Les délégués sont admis, néanmoins, à visiter l'usine Krupp, à *Rheinhausen* (fabrique de rails et de traverses de chemins de fer). Ils apprennent que, dans cette usine, le travail a commencé le 26 mai 1915 : «Depuis, environ 200 hommes (sur un effectif total de 560 Français et 195 Russes, Belges et Anglais) ont dû être évacués pour accidents de travail, maladies, faiblesse et incapacité». — A *Parchim*, des prisonniers français que les délégués rencontrent leur disent qu'à la Hansa Lloyd de *Brême* (fabrique de munitions) où ils étaient internés, la journée de travail dure de 4 heures du matin à 8 heures du soir.

Dans le courant des mois de mai et juin 1916, plusieurs milliers de prisonniers, appartenant de préférence aux classes cultivées, sont extraits des camps principaux et transférés dans les régions occupées de la Courlande et de la Pologne russe, notamment à *Suwalki, Chavli, Rakischky* (près de *Dunabourg*), à quelques kilomètres du front russe. Réduits à une alimentation misérable, et privés de leurs colis, travaillant sous une surveillance brutale à la construction de chemins de fer et de routes stratégiques, couchant la nuit sans paillasses ni couvertures, dans des conditions d'entassement qui excluent toute propreté et toute hygiène, ces prisonniers endurent des souffrances qu'ils expriment librement dans leurs lettres, car ces traitements inhumains sont présentés comme des mesures de représailles, ayant pour invariable prétexte le régime des prisonniers allemands au Maroc. — Cependant, à l'arrière du front français, des prisonniers russes en grand nombre sont occupés à creuser des tranchées, exposés au feu de l'artillerie. Des prisonniers français, aujourd'hui internés en Suisse, en ont vu revenir dans les camps, à *Friedrichsfeld* notamment et à *Meschede*, brisés de fatigue et de coups, dans un état de dénuement et de misère physique inexprimable.

**Moyens de contrainte.** — Il n'est pas douteux que la vie matérielle d'un certain nombre de travailleurs employés dans les usines, surtout dans les usines de munitions, soit tolérable. Pour fléchir les caractères faibles, pour obtenir de quelques prisonniers l'exécution de travaux auxquels leur patriotisme répugne, il n'est pas de procédés auxquels l'autorité allemande n'ait recours, même la douceur, même la promesse de certains avantages : amélioration de la nourriture, augmentation du salaire qui s'élèverait, dans des cas exceptionnels, jusqu'à 55 ou 65 pfennigs par heure! Mais l'immense

Note du rapport du Senne III.
24 Sept 1915

Tous les travaux auxquels seront employés les pris de guerre, devront être absolument exécutés par eux, au nécessaire en employant la force, même s'il fallait s'élever parmi les pris. La pensée qu'est a un rapport quelconque avec les entreprises de guerre — A cela ils ne peuvent opposer des prescriptions au lois de leur pays, car pendant la guerre ils sont placés seulement sous les prescriptions des lois Allemandes, et l'administration militaire Allemande supporte exclusivement la responsabilité.

Copie, faite à *Sennelager*, d'une note ayant paru le 24 septembre 1915 au rapport de ce camp.

Note du rapport du 24 septembre 1915. (Suite.)

KRIEGSGEFANGENEN-LAGER
SENNE III.

est proportionellement modifié par le présent. Par contre il subsiste que des travaux particulièrement nommés comme travaux de fortificat., fabrication, transport de munitions dont le but est visible au premier coup d'œil, ne seront pas aussi loin que les conditions le permettent exigés par la force.

Note du rapport du 24 septembre 1915. (Fin.)

majorité ne sera amenée au travail que par la contrainte. Une communication de l'autorité allemande qui figure, avec quelques variantes, au « rapport » de certains camps, ou fut affichée — notamment à *Friedrichsfeld* et à *Sennelager* — fait pressentir la variété et la nature des moyens de coercition. Le texte, copié littéralement par les délégués de la Croix-Rouge, au cours de leur visite à la fabrique *Ehrhardt*, est le suivant :

« Tous les moyens seront employés, même la force s'il le faut, pour astreindre les prisonniers au travail dans l'usine, également quand ils ont des doutes sur les relations qu'il y a entre leur travail et les opérations de la guerre.

« Tout appel des prisonniers aux règlements et lois de leur propre pays serait inutile, les prisonniers étant actuellement soumis aux seules lois du Gouvernement allemand.

« Le Gouvernement allemand prend la responsabilité du travail des prisonniers vis-à-vis du Gouvernement français et remettra à chaque prisonnier, lors de sa libération, une déclaration qui le couvrira vis-à-vis de son pays, certifiant que le prisonnier a été forcé de travailler dans l'usine. »

Ici se place un incident qui fera tomber les illusions les plus tenaces sur la bonne foi des autorités allemandes dans leur propagande auprès des neutres. On laisse la parole aux délégués de la Croix-Rouge : « Nous avons demandé au capitaine baron von Rolhausen, l'officier qui nous accompagnait, de bien vouloir nous laisser prendre ce document ou de nous permettre d'en faire une copie complète. Cette demande nous a été refusée; par contre, il nous a été permis de prendre lecture d'un ordre général de l'autorité militaire, disant que les prisonniers ne doivent pas être forcés de travailler aux munitions contre leur gré. Nous spécifions que les prisonniers n'ont pas eu connaissance de cet ordre général, mais seulement de l'ordre affiché dans le camp par le commandant ». Ce simple récit se passe de commentaires.

On vient de voir que, sur l'ordre supérieur de l'autorité allemande, les prisonniers peuvent être contraints au travail *par tous les moyens*. On ne saurait dès lors être surpris d'apprendre, par les délégués de la Croix-Rouge eux-mêmes, « qu'à *Stendal* un ordre affiché en français, en anglais, en russe et en flamand dans chaque baraque dit que les gardiens ont l'ordre de faire usage de leurs armes pour refus de travail grave; qu'à *Parchim* un prisonnier dit avoir fait, pour refus de travail, deux heures de poteau par jour pendant dix jours, du 22 mars au 1er avril; qu'à *Rheinhausen* (usine Krupp), le 3 août 1915, 200 hommes de l'équipe de nuit ayant refusé de travailler, persuadés que les lingots de fer sortant de l'usine de *Rheinhausen* étaient envoyés dans une autre usine pour les munitions, *sont restés debout, sous la pluie, toute la nuit;* qu'à *Brême*, un prisonnier s'étant refusé à l'exécution de travaux militaires a été contraint, comme punition, de marcher de 6 heures du matin à 6 heures du soir, avec une interruption à midi, sur le quai de la ville, poussé à coups de crosse chaque fois qu'il voulait s'arrêter, ceci pendant huit jours... » — Les déclarations des grands blessés rapatriés apportent malheureusement, à ce martyrologe, une large contribution. A *Friedrichsfeld*, des prisonniers ayant refusé le travail sont enfermés dans une chambre de chauffe, par 40 à 60° de chaleur (1); d'autres sont laissés toute une nuit, en tenue de travail, sur le bord du Rhin, au garde-à-vous, les pieds posés sur des cailloux. A *Munster*, une corvée ayant refusé le travail, les hommes sont mis en ligne dans un champ, des mitrailleuses braquées sur le groupe (2).

**L'art de tromper.** — L'implacable férocité d'une politique qui, pour arriver à ses fins, n'hésite devant aucune brutalité, devant aucun crime, frappe de stupeur, quand le grand nombre et la valeur des témoignages ont rendu le doute impossible. Mais il y a pire. Il n'a pas suffi que l'autorité allemande usât de supplices pour violenter l'âme et la conscience de ses prisonniers. Il n'a pas suffi qu'elle les soumît à un régime qui fait de la captivité un esclavage. Il a fallu qu'elle imposât à ses victimes un *long silence* de nature à tromper leurs familles, à faire illusion auprès des neutres sur le sort que l'Allemagne réserve à ses prisonniers. Les travailleurs employés dans les mines et dans les usines de guerre n'ont pas le droit d'écrire à leurs familles où ils sont ni ce qu'ils font. Dans la mine de potasse de *Rotenfeld-Hesslingen* (*Brunschwieg*), « les lettres sont saisies si les prisonniers disent où ils sont et ce qu'ils font ». Dans la fabrique de munitions Ehrhardt à *Dusseldorf*, « les prisonniers ne peuvent écrire à leurs familles où ils sont et à quoi ils travaillent ». Dans l'usine Wanderer-Continental à *Schönau* (*Chemnitz*), les prisonniers n'ont pas le droit de dire où ils sont ni ce qu'ils font; ils donnent l'adresse de *Friedrichsfeld* ». — Voilà ce qu'ont vu et révélé les délégués du Comité international de la Croix-Rouge. La conscience hésite et se trouble devant le mélange de brutalité froide et de perfidie raffinée où s'est complu l'autorité allemande, dans son exploitation de la main-d'œuvre des prisonniers.

---

(1) Déposition du soldat F..., évadé de *Friedrichsfeld*, le 26 novembre 1915.
(2) Rapport de L..., adjudant, évadé de *Munster* en janvier 1916.

# CHAPITRE VIII.

## LE RAPATRIEMENT.

*Convention de Genève du 6 juillet 1906.* — Art. 2. *Les belligérants restent libres de stipuler entre eux, à l'égard des prisonniers blessés et malades, telles clauses d'exception ou de faveur qu'ils jugeront utiles ; ils auront, notamment, la faculté de convenir :*

*De se remettre réciproquement, après un combat, les blessés laissés sur le champ de bataille ;*

*De renvoyer dans leur pays, après les avoir mis en état d'être transportés ou après guérison, les blessés ou malades qu'ils ne voudront pas garder prisonniers ;*

*De remettre à un État neutre, du consentement de celui-ci, des blessés ou malades de la partie adverse, à la charge par l'État neutre de les interner jusqu'à la fin des hostilités.*

D'après le Règlement de La Haye du 18 octobre 1907, article 20, le rapatriement des prisonniers de guerre ne doit avoir lieu qu'après la conclusion de la paix ; il s'effectue, alors, « dans le plus bref délai possible ». Néanmoins, le rapatriement ou l'internement dans un pays neutre des blessés et des malades permettent d'abréger les souffrances, sans accroître les forces respectives des belligérants, sans contribuer, par conséquent, à la prolongation de la guerre. Les États neutres sont appelés à s'associer à cette mesure d'humanité en favorisant le passage ou, s'il y a lieu, le séjour et l'internement des prisonniers malades ou blessés sur leur territoire.

## SECTION I.

### LE RAPATRIEMENT DES ALLEMANDS PRISONNIERS EN FRANCE.

**Le rapatriement de mars 1915.** — Pour organiser le rapatriement des grands blessés définitivement inaptes au service militaire, des négociations se sont ouvertes de très bonne heure entre les Gouvernements, par l'intermédiaire de l'ambassade d'Espagne et de l'ambassade des États-Unis. Un accord de principe s'est établi, fondé sur l'idée que devaient être rapatriés les prisonniers atteints d'infirmités graves excluant toute utilisation militaire. Pour l'application de cet accord, le Gouvernement français établit une liste limitative des lésions ou infirmités devant seules déterminer le rapatriement, liste qui fut communiquée aux commandants des régions. Il reçut une première application au mois de mars 1915.

**L'accord sur les conditions du rapatriement.** — Des plaintes s'étant élevées de part et d'autre au sujet de l'exécution de l'accord — le Gouvernement allemand allégua la sévérité excessive des autorités médicales françaises — les négociations furent poursuivies pour en élargir et pour en préciser les termes.

On décida alors qu'une nomenclature des lésions ou infirmités devant *seules* et devant *toutes* déterminer le rapatriement serait établie d'accord entre les Gouvernements. En France, cette nomenclature a été notifiée aux commandants des régions par circulaire du 25 juin 1915 [1]. Elle comprend notamment la perte totale ou partielle, la paralysie définitive d'un ou de plusieurs membres, la tuberculose pulmonaire avancée, les lésions médullaires ou cérébrales graves, la cécité, etc. Elle est plus restreinte en ce qui touche les officiers et sous-officiers, à l'égard desquels la perte de l'usage d'un seul membre, une mutilation de la face ne suffisent pas à déterminer le rapatriement.

La liste a été un peu élargie, à la suite d'un accord intervenu au mois de juin 1916; on a admis notamment que la perte de la vue d'un œil, avec diminution des trois quarts de la vue normale de l'autre œil, serait un cas de rapatriement. On a étendu le pouvoir d'appréciation des commissions médicales en décidant que les prisonniers qui, sans présenter les lésions ou maladies figurant dans la nomenclature, seraient dans un état physique rendant improbable leur utilisation militaire, devraient être soumis, également, aux commissions supérieures qui opèrent, comme on va le voir, en présence de médecins suisses.

Le choix des grands blessés à rapatrier, opéré par les autorités médicales locales, est contrôlé, à Constance d'une part, à Lyon de l'autre, par une commission médicale supérieure à laquelle sont adjoints deux médecins suisses ayant voix consultative. Le choix a eu lieu, du côté français, avec la plus rigoureuse impartialité, à l'exclusion de toutes considérations personnelles :

---

[1] Circulaire ministérielle 22572 6/7 du 25 juin 1915.

les suggestions allemandes, tendant à l'échange de telles ou telles personnalités, ont toujours été repoussées de prime abord. Les grands blessés sont transférés à Lyon, puis à la frontière suisse, dans les trains sanitaires, avec tous les égards dus à leur état.

Voici dans quels termes un officier allemand, le capitaine *Kœnig*, dans une lettre écrite à sa femme, du dépôt de convalescents de Lyon, le 10 mai 1915, raconte les circonstances de son voyage de retour :

. . . Gegen 8 Uhr letze Händedrucke. Alle Kameraden und Ordonnanzen versammelt, um uns das Geleit zu geben. Der Kommandant erwartete uns wieder in dem kleinen Büro und entliess uns in seiner soldatischen und dabei liebenswürdigen Weise. Ich dankte ihm. Unsere Begleiter — bis Lyon — waren der Offizier Ob. Ltnt. de S^t-Maurice und der Sergent Rogers, in seinem Civilverhältnis ein bekannter Maler. Wir fuhren kurz nach 8 Uhr Abends im Auto bis Miniac, dann in I. Cl. des Expresszuges Brest-Paris, Réservé. Im ersten Morgensonnenschein durch S^t-Cyr, Versailles nach Paris, Bahnhof Mont-Parnasse. Publikum erkannte uns natürlich als Deutsche, obwol wir nicht in Uniform. Wir wurden weder hier noch sonst auf unserer Reise irgendwo belästigt. Viel Soldaten auf Sonntagsurlaub. Die frische Stunde — wir waren 5 1/2-8 3/4 in Paris — bedingte, dass wenig Leute auf der Strasse. Wir fuhren im Auto zum Lyoner Bahnhof. Hier erster Frühstück. Dann wieder in I. Cl. Express Paris-Lyon. Essen im Speisewagen mit unsern Begleitern, mitten unter dem Reisepublikum. Viel grosse Augen, aber keine Bemerkung über uns. Die gleiche gunstige Erfahrung machten auch von Scheller und Brekenfeld, die 1 Tag nach uns aus Fougères in Lyon eintrafen.

In Dijon kam eine Schwester vom Roten Kreuz, eine blonde Normande Schönheit, in unser reservirtes Abteil, um für das Rote + zu sammeln. Ihre Sammelbüchse war ein «quart réglementaire» der Feldbecher der französ. Soldaten. Wir gaben etwas, sie verschwand, und nach einer Weile erschien ein Herr, der ihren Dank und die Entschuldigung überbrachte, dass sie sich zu uns gewendet; sie hätte nicht gewusst dass wir Deutsche wären. Gegen Abend in Lyon. In Droschke erst zum commandant de place, dann in unser Depot.

. . . . . . . . . . . . . . . . . . . . . . . . . . . . . . . . . . . . . . . . . . . . . . . . . . . . .

Wir vertragen uns sehr gut. Mit Zeitungen reichlich versehen, die wir uns täglich 2 mal kaufen lassen. An der Hand der Karten eifriges Studium und Kannegiessern. Abends nach Tisch Kartenspiel. Oefters Besuch von franz. Offizieren u. auch Damen in 2 Fällen.

Fortsetzung. 24. v. 15. Solche Besuche haben seit einiger Zeit völlig aufgehört. Unsere Verpflegung glänzend, die der Mannschaften sehr gut. Sie wie wir bekommen auch sehr guten Wein geliefert. Morgens Kaffer, 1 grosse Tasse mit Brod. Frühstück : Suppe, 2 Fleischgänge, 1 Gemüsegang, Käse, Nachtisch, alles sehr gut und ebenso zubereitet. Diner ebenso. Die Mannschaften ebenso verpflegt wie wir im Hospital in Rennes.

«... Vers 8 heures les dernières poignées de mains. Tous les camarades et les ordonnances s'étaient réunis pour nous faire la conduite. Le commandant nous attendait dans son petit bureau, et nous fit ses adieux à sa manière militaire et en même temps aimable. Je le remerciai. Nos deux accompagnateurs jusqu'à Lyon étaient : le lieutenant de Saint-Maurice et le sergent Rogers, dans le civil un peintre connu. Nous partîmes peu après 8 heures du soir en auto jusqu'à Miniac, puis en 1re classe dans l'express Brest-Paris en compartiment réservé. A l'aube, nous traversâmes Saint-Cyr, Versailles pour arriver à Paris à la gare Montparnasse. Le public nous reconnut naturellement pour des Allemands quoique nous ne fussions pas en uniforme. Pas plus là qu'ailleurs nous ne fûmes molestés pendant notre voyage. Beaucoup de soldats en permission du dimanche. L'heure matinale — nous traversâmes Paris de 5 heures et demie à 8 heures trois quarts — expliquait qu'il y eût peu de personnes dans les rues. Nous gagnâmes la gare de Lyon en auto. Là, premier petit déjeuner. Ensuite, de nouveau en 1re classe dans l'express Paris-Lyon. Nous déjeunâmes en wagon-restaurant avec nos accompagnateurs, mêlés au public des voyageurs. Beaucoup d'yeux ronds, mais aucune remarque sur notre compte. La même expérience heureuse a été faite par von Scheller et Brekenfeld qui, de Fougères, arrivèrent un jour après nous à Lyon.

« A Dijon, une dame de la Croix-Rouge, une blonde beauté normande, entra dans notre compartiment réservé pour quêter pour la Croix-Rouge ; son aumônière était le quart réglementaire, le gobelet de campagne du soldat français ; nous y mîmes quelque chose ; elle disparut. Quelques instants après parut un monsieur qui nous apporta les remerciements de cette dame, et ses excuses de s'être adressée à nous : elle ne savait pas que nous étions Allemands. Vers le soir, arrivée à Lyon. Deux voitures nous conduisirent d'abord près du commandant de la Place et ensuite à notre Dépôt.

. . . . . . . . . . . . . . . . . . . . . . . . . . . . . . . . . . . . . . . . . . . . . . . . . . . . . . . .

« Nous passons très bien notre temps, richement fournis de journaux que nous nous faisons acheter deux fois par jour. Nous étudions fiévreusement les cartes et discourons à perte de vue. Le soir, après dîner, jeux de cartes : souvent visite d'officiers français qui, dans deux cas, étaient accompagnés par des dames.

« *Suite.* 24 V. 15. Ces sortes de visites ont, depuis quelques jours, complètement cessé. On nous traite, nous, de façon remarquable et les hommes très bien. Eux comme nous, nous recevons du vin excellent. Le matin, du café, une grande tasse avec du pain. A déjeuner, une soupe, deux plats de viande, un plat de légumes, fromage et dessert, le tout excellent, et tout bien préparé. Le dîner de même. Les hommes de troupe sont aussi bien soignés que nous à l'hôpital de Rennes. »

C'est dans des conditions analogues que les rapatriements se sont poursuivis, à partir de juillet 1915, séparés généralement, en fait, par des intervalles de deux mois (rapatriements en septembre, décembre 1915, février 1916).

Allemagne
via Pontarlier

Service des prisonniers de guerre

Frau Oberforstmeister König

Potsdam

Neue Königstraße 29

Lettre d'un officier allemand rapatrié.

In Dijon kam eine Schwester vom Roten Kreuz, eine blonde
Normännische Schönheit, in unser reserviertes Abteil, um
für das Rote † zu sammeln. Ihre Sammelbüchse war ein
„quart réglementaire", das Feldbecher der französ. Soldaten.
Wir gaben etwas (u. nach einer Weile erschien ein Herr, der
ihr den Dank i. die Entschuldigung überbrachte, daß sie
sich an uns gewandt; sie hätte nicht gewußt, daß
wir Deutsche wären. Gegen Abend in Lyon. In Droschke
mit zum Commandant de place, dann in unser Depot.

Photographie d'un extrait de la lettre du capitaine *Kœnig*.

**L'internement en Suisse.** — Il a paru, en dernier lieu, que, pour les malades ou blessés non atteints d'infirmités incurables, mais dont l'état nécessite des soins, l'internement dans un pays neutre, conformément à l'article 2 de la Convention de Genève, offrait un nouveau moyen de remédier à des infortunes. Grâce à l'esprit de générosité et de dévouement du peuple suisse, dont les preuves ne se comptent plus, un premier essai a été tenté à la fin de janvier 1916 et a donné d'heureux résultats. Le 25 janvier, sont partis respectivement de Constance et de Lyon 100 prisonniers français et 100 prisonniers allemands, qui ont été internés les premiers à *Leysin*, les seconds à *Davos*. L'exécution de l'accord s'est poursuivie régulièrement depuis lors, à l'égard des malades rentrant dans les catégories déterminées : affections cutanées, maladies chroniques du sang, mutilations considérables de la face, tuberculose pulmonaire, etc. Pour assurer l'exacte application des engagements pris par les deux pays belligérants, les dépôts, chantiers ou hôpitaux où peuvent se trouver retenus des prisonniers, tant en France qu'en Allemagne, sont visités par des commissions spéciales. Ces commissions, composées de deux médecins suisses et présidées par un médecin appartenant au pays parcouru, ont commencé leur mission à la date du 1er mars 1916 ; sept d'entre elles se sont rendues en France, trois dans l'Afrique du Nord, dix autres parcourent l'Allemagne. Les visites sont annoncées dans les dépôts et hôpitaux cinq jours au moins à l'avance. Tout prisonnier est autorisé à demander un examen de la commission. Les prisonniers désignés comme susceptibles de rapatriement ou d'internement en Suisse sont réunis respectivement à Lyon et à Constance, où une commission supérieure de contrôle, composée également en partie de médecins suisses, doit se prononcer en dernier ressort.

## SECTION II.

### LE RAPATRIEMENT DES FRANÇAIS PRISONNIERS EN ALLEMAGNE.

**L'interprétation de l'accord par l'autorité médicale allemande.** — Dès le rapatriement de mars 1915, on eut l'impression, en France, que les décisions de l'autorité allemande pour le maintien en captivité ou la libération de tels ou tels prisonniers n'avaient pas toujours été guidées uniquement par des considérations d'ordre médical. Le Gouvernement français était d'autant plus désireux qu'un accord vînt préciser les conditions du rapatriement. Dans l'interprétation de cet accord, les autorités allemandes se sont montrées moins libérales que les autorités françaises. Les tuberculeux ne sont généralement admis qu'à la dernière période. La libération des sous-officiers, dont on redoute peut être l'activité dans l'administration militaire, les services auxiliaires, rencontre les plus fréquents obstacles. Pourtant, au mois de juillet 1915, le retour d'un grand nombre de blessés français a pu être obtenu.

**Le départ du camp. Attitude de la population.** — Les récits des rapatriés sur leur voyage de retour témoignent surtout du grand changement qui s'est opéré dans l'opinion publique allemande depuis les premiers temps de la captivité. La durée imprévue des hostilités, les alternatives énervantes d'enthousiasme et de désillusion, la vérité pénétrant peu à peu sur les causes et sur les responsabilités de la guerre expliquent cet état nouveau des esprits. L'accueil avait été uniquement et unanimement hostile; l'adieu est empreint d'une indifférence faite de lassitude et de découragement.

**Le trajet en Allemagne.** — L'attitude des autorités allemandes est plus complexe. Jusqu'à Constance, le voyage a lieu généralement dans des wagons de 3e classe et de nombreuses plaintes s'élèvent sur la négligence et la dureté des surveillants. « Dans le train qui m'amenait de Merseburg à Constance pour le rapatriement, dit un rapatrié de décembre 1915, j'ai assisté à l'agonie d'un tuberculeux dernier stade renvoyé pour mourir en terre française. Le mourant avait été déposé sur la banquette de bois non rembourrée de notre compartiment de 3e classe, non chauffé malgré 9° au-dessous de zéro; l'urine du malade, qui s'abandonnait, se congelait sur le plancher. Je n'ai pu obtenir pour lui ni soins ni même une couverture, soit en m'adressant à l'homme de garde assis sur la banquette voisine, soit, à chaque station, de la façon la plus pressante, aux sous-officiers et officiers du train. L'homme s'appelait *Segreste*. Il est mort vers 3 heures du matin, entre deux stations. A cette nouvelle, un infirmier allemand est monté au premier arrêt dans le compartiment, et à la station suivante le médecin du train est venu constater le décès. Le mort fut descendu et mis en bière sur le quai, à Würzburg »[1].

**Le séjour à Constance.** — A Constance, c'est l'anxiété de l'attente; puis, pour les uns, après l'examen négatif de la commission supérieure, le retour navrant en exil; pour d'autres, la délivrance... Mais d'abord quelques jours, quelques heures de soins attentifs, de gâteries par l'autorité allemande, feront oublier les rancœurs qu'un an de souffrances physiques et morales a amassées. Étrange psychologie de ce peuple! Le luxe des hôtels de Constance

[1] Interrogatoire du sergent L..., rapatrié le 5 décembre 1915.

Lettre d'un soldat français interné en Suisse.

Régime des prisonniers, p. 93.

succède aux harengs crus salés, au rutabaga insipide. Une distribution d'effets a lieu très généreusement à Constance, et notamment de chaussures toutes neuves et voyantes, mais pour ceux seulement que la contre-visite a admis; les autres, et il s'en trouve de bien démunis et de sérieusement malades, sont renvoyés tels quels [1]. Il faut ménager l'opinion des neutres !...

**L'arrivée en Suisse.** — Décrire le passage de la frontière, le cri d'indicible soulagement qui jaillit des poitrines, l'immense pitié et l'enthousiasme des foules, l'élan de gratitude pour la Suisse hospitalière et généreuse : c'est ce que seul un rapatrié peut faire. Laissons la parole à l'un d'entre eux, un des derniers venus, un de ceux qu'attend, non pas encore le retour définitif dans la patrie, mais l'internement à Leysin, qui paraît un rêve :

« Oh! quelle émotion j'ai éprouvée alors! C'était quelques minutes après avoir quitté Constance et les casques à pointe. Nous étions comme anéantis, somnolents comme au sortir d'un rêve pénible et enfoncés sur les moelleux coussins d'un wagon de 2e classe auxquels nos pauvres côtes n'étaient plus habituées. Tout à coup, à la première station suisse, une sorte de brouhaha, et avant même que le train même ne soit arrêté, le cri de : « Vive la France! » poussé par une foule en délire et répété avec ardeur... Cela m'a causé une sensation aiguë, ce fut comme un coup de fouet cinglant; j'ai bondi et je suis retombé sur ma banquette, un nuage m'a passé devant les yeux... J'ai reconnu dans cette voix et dans ce cri tout ce que j'ai tant aimé : ma patrie, ma famille, ma liberté. Néanmoins, tout suffoquant, j'ai poussé, moi aussi, mon cri de « Vive la France! Vive la Suisse! » Et dans cette clameur il y avait un hymne de délivrance, un cantique d'allégresse, d'amour pour mon pays et mon foyer, de confiance en l'avenir... »

---

[1] Rapport précité du sergent L...

# CONCLUSION.

En attendant que l'Histoire impartiale porte sur le régime des prisonniers en France et en Allemagne pendant la guerre actuelle, sur la responsabilité des Gouvernements à cet égard, son jugement définitif, il est permis — et c'est l'objet de cette étude, — d'appeler l'attention sur certains *faits* que des témoignages nombreux et autorisés ont établis.

La *volonté certaine* du législateur de La Haye, dont les deux Gouvernements se réclament, est que toutes souffrances inutiles soient épargnées par l'État capteur aux prisonniers. Le maintien en captivité n'a d'autre but que de paralyser des énergies, en les empêchant de s'exercer au profit de l'adversaire. Ce résultat atteint, la vie, la santé, la sécurité morale des prisonniers sont intangibles.

Dès le début des hostilités, le Gouvernement français a manifesté son désir de se conformer, de la manière la plus large, à ces intentions du législateur de La Haye. Il l'a montré en accordant spontanément aux officiers prisonniers le bénéfice de la mise en liberté sur parole. Il l'a montré en multipliant, au profit des prisonniers, des facilités de correspondance. Il l'a montré, en leur assurant des conditions d'entretien semblables à celles des soldats français eux-mêmes. Il a institué dans ce but un régime dont l'uniformité est la meilleure garantie de son application égale et équitable. C'est un fait que dans un pays où l'indiscipline sévirait à l'état chronique, un pays qui serait, au dire de ses détracteurs, la terre du désordre et de l'anarchie, une réglementation unique, obligatoire, est venue prévenir, au début de la guerre, la diversité des traitements qu'une plus large part laissée aux initiatives individuelles aurait entraînée. C'est un fait qu'en dépit d'interventions ou de sollicitations répétées, le Gouvernement français s'est toujours refusé à créer, entre ses prisonniers, sous le rapport du régime et du rapatriement, des différences, excepté celles que le grade, la qualité de médecin ou d'infirmier justifient. Chez le prisonnier, la double qualité d'*homme* et de *vaincu* a suffi pour imposer ce respect de la personne qui fut un dogme — combien lointain! — de la philosophie allemande, et qui a reçu de la Révolution française sa souveraine et définitive expression.

Si l'on fait la part des distinctions qu'explique la constitution aristocratique de l'Empire, le Gouvernement allemand n'a manifesté qu'un intérêt médiocre pour la masse de ses soldats prisonniers — le matériel humain (*Menschenmaterial*) soustrait par le hasard au feu des mitrailleuses qui le fauchaient en rangs serrés. — Et c'est encore l'impression de « choses », de *bétail,* que donnent les masses de captifs enserrés par lui en de trop étroits espaces, entre ses fils de fer électrisés, sous la menace permanente de ses canons. Impression aggravée par le pouvoir excessif des chefs de camps! Car cet État qui prétend détenir le secret de l' « organisation » n'a pas, au début de la guerre, « organisé » ses dépôts. Cet État, orgueilleux de sa réglementation, dont il abuse, n'a pas de règle pour ses prisonniers. Et les excès individuels, favorisés par cet état de choses, se multiplient. Lorsqu'à la suite des protestations réitérées du Gouvernement français, de l'intervention persévérante des neutres, un ensemble de prescriptions minutieuses intervient, il s'inspire d'une méthode que le terme *utilitarisme,* dans ce qu'il a de plus odieux, désigne exactement. Dès ce moment, l'Allemagne a résolu de tirer du grand nombre de prisonniers qu'une agression soudaine et injuste avait fait tomber en son pouvoir un maximum d'utilité. Elle les a envisagés comme un moyen de domination et de conquête. Elle s'est *servie de ses prisonniers.*

*L'Allemagne s'est servie des prisonniers* pour exciter l'orgueil et les passions haineuses de ses soldats et de ses foules, au moyen d'exhibitions constantes, de transfèrements inutiles d'un camp à un autre, d'un contact fréquemment établi entre les casernes et les camps, propre à multiplier les frottements, les brutalités, les rigueurs, douloureusement ressenties, de la discipline.

L'*Allemagne s'est servie des prisonniers* pour décourager l'opinion en France. Aggravations soudaines de régime, sous prétexte de « représailles », que les prisonniers doivent annoncer à leurs familles — suspensions inexpliquées ou suppressions complètes de correspondance — promesses d'améliorations suivies de déceptions ménagées à l'avance, rien n'a été épargné dans ce but. L'odieuse institution des « camps de représailles » destinée à atteindre surtout les classes éclairées, dirigeantes, de la population française est un de ces procédés de *terrorisation* qui, dans la pensée des gouvernants allemands, devaient hâter la fin de la guerre. De même, le mélange systématique des Français, des Anglais et des Russes était destiné à créer des difficultés, à provoquer des haines entre soldats des nations alliées. Leur espoir a été déçu, mais cette « politique » a coûté la santé et la vie à des milliers d'hommes.

L'*Allemagne s'est servie des prisonniers*, en les forçant à contribuer, dans son intérêt propre, aux opérations de la guerre. Sans doute, il y avait parmi les prisonniers des ingénieurs, des mécaniciens, des ouvriers, et ces hommes étaient aptes à fabriquer des obus, à creuser des tranchées sur le front français ou sur le front russe. Devant l'abjection ou la brutalité de certaines contraintes, devant l'hypocrisie de certains procédés de dissimulation, la discipline allemande n'hésite pas. Et pour le Gouvernement qu'a rendu tristement célèbre la politique du « chiffon de papier », l'article 6 du Règlement de La Haye, qui défend d'imposer aux prisonniers des travaux excessifs ou des travaux en rapport avec les opérations de la guerre, n'a pas plus de valeur qu'un traité garantissant la neutralité de la Belgique.

Cette situation, l'émotion péniblement ressentie en France à mesure qu'elle était connue ne permettaient pas le maintien intégral du régime d'abord accordé, dans un esprit d'humanité et de justice, aux prisonniers allemands. Des protestations réitérées, demeurées inutiles, ont été suivies du retrait, momentané ou définitif, de certains avantages : suspensions provisoires ou limitations de correspondance, diminution de la ration alimentaire... Et ces mesures ont, par un contre-coup vite aperçu, déterminé, dans le sort des prisonniers français, des adoucissements nécessaires. Jamais, cependant, un besoin instinctif de représailles, jamais le désir de satisfaire une opinion justement irritée, n'ont déterminé le recours à des procédés que l'humanité réprouve. Devant l'opinion des neutres et devant l'Histoire, la France revendique l'honneur d'avoir affirmé et sauvegardé les principes que la conscience universelle a consacrés.

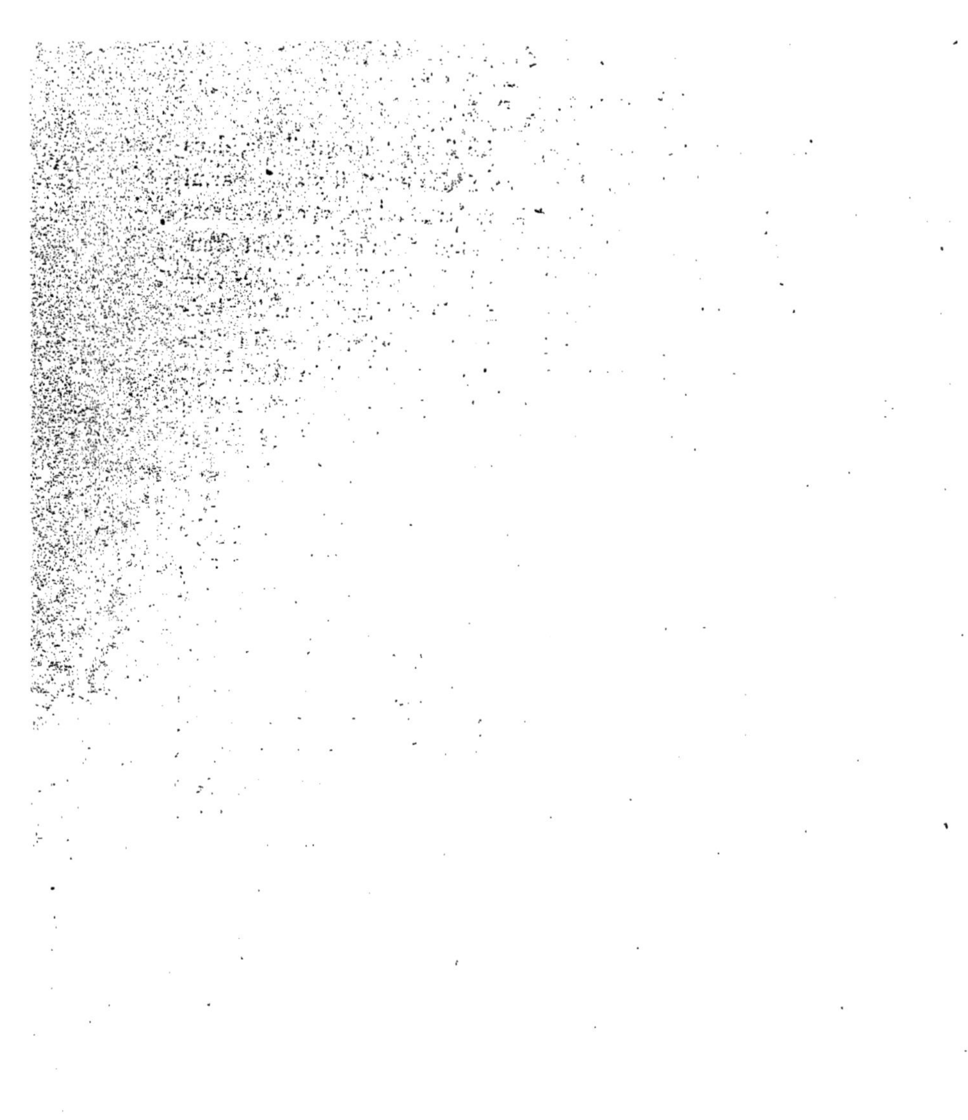

# TABLE DES MATIÈRES.

CHAPITRE V.



CHAPITRE VI.



CHAPITRE VII.



CHAPITRE VIII.

www.ingramcontent.com/pod-product-compliance
Ingram Content Group UK Ltd.
Pitfield, Milton Keynes, MK11 3LW, UK
UKHW020205130726
13696UKWH00002B/724